인생에서 중요한 6가지만 기억하라

THE SIMPLICITY

인생에서 중요한
6가지만 기억하라

삶을 풍요롭게 하는 단순화의 힘　　줄리아 홉스봄 지음 | 최지수 옮김

PRIN CIPLE

TORNADO
토 네 이 도

일러두기

1. 이 책에 등장하는 주요 인명, 지명, 기관명은 국립국어원 외래어표기법을 따랐다.
2. 단행본은 『 』, 신문과 잡지는 《 》, 영화나 노래는 〈 〉로 표기했다.
3. 본문에서 미주는 아라비아 숫자로, 각주는 • 로 표시했다. 미주는 저자 주이며,
   각주는 옮긴이 주, 편집자 주이다.

아워브레인뱅크 창립자이자
육각형 아이디어에 함께해준 제시카 모리스의 용기에 감사하며.
그리고 우리의 그리운 토미 헬스비를 기억하며.

추천의 글

어수선하고 복잡한 세계에서 단순한 삶으로 이동하는 루트를 정확하게 알려준다. 책을 읽고 필요한 부분을 기억하라! 인생이 쉽게 바뀔 것이다.

—헤더 맥그레고르Heather McGregor, 헤리엇와트대학교 교수

나는 이 멋진 책을 완전히 소화하고 싶다. 정신없이 돌아가는 세상에서 그녀가 전달하는 단순화 원칙은 일상과 비즈니스의 방향을 다시 제대로 설정하게 만든다.

—브루스 데이즐리Bruce Daisely, 전 트위터 유럽지사 부사장, 『조이 오브 워크』의 저자

이 책에서 그녀는 오늘날 가장 중요한 문제인 나와 세상, 나의 내면과 연결되는 방식을 다루고 있다. 홉스봄의 만트라 '단순함을 유지하고 자연에서 배우라'를 자신의 것으로 만들어라. 우리 주변을 이루는 세상의 질서를 빌려 당신의 삶을 더 나은 방향으로 인도할 것이다.

—아리아나 허핑턴Ariana Huffington, 《허핑턴 포스트》 발행인

멋진 사상가 줄리아 홉스봄은 이 책을 통해 더욱 명확하면서도 심플한 삶을 살아내는 방법을 가르쳐주고 있다. 그녀만의 사려 깊은 방식으로 말이다.

—요한 하리Johann Hari, 『물어봐 줘서 고마워요』의 저자

통찰력 넘치고 실용적인 이 책은 복잡한 시대에 일상을 차분히 탐색하고 풍요롭게 만드는 간단하면서도 효과적인 도구를 제시한다.

—루이스 체스터Louise Chester, 직장에서의 마인드풀니스의 창립자

훌륭한 책이다. 수많은 이들이 단순한 삶을 원하지만 정작 그렇게 살기는 어려워한다. 이 책은 그 방법마저도 심플하게 알려준다.

—앤서니 셀든 경Sir Anthony Seldon, 버킹엄대학교 부총장, 역사가

삶에 압도되었는가? 스마트폰과의 줄다리기 속에서 의지력을 잃었는가? "아니오"라고 말하고 싶은 목소리가 결국 약속들 속에 파묻혔는가? 우리의 삶을 어수선하게 만들었던 문제들이 하나씩 해결되어가는 흥미로운 여정에 당신을 초대한다.

—랄린 폴Laline Paul, 『벌』의 저자

인생은 매우 단순하다. 스스로 복잡하게 만드는 것뿐이다.
공자

나는 이 책에서 내가 실천하고 전파하고 있는 삶을 풍요롭게 만드는 단순화 원칙에 대해 말하고자 한다. 무언가를 할 때 이 원칙을 따르면 더 명료하고, 더 창의적이며, 더 생산적이고, 일정한 루틴 안에 들어간다는 느낌이 든다. 반면에 따르지 못했을 땐 바로 반응한다. 마치 매일 운동을 하다가 하지 않은 날 몸이 느끼는 것처럼 말이다.

　단순성은 오래된 개념이다. 14세기 영국의 작은 마을 오컴에 살던 논리학자이자 성 프란체스코회 수도사 윌리엄은 단순한 것이 복잡한 것보다 더 효과적이라고 주장했다. 이것이 우리가 알고 있는 오컴의 면도날 법칙이다. 그는 "불필요한 여러 개의 가정을 피하라"고 말했는데, 이 책을 한 문장으로 요약한다면 바로 이 말과 같다.

더 과거로 돌아가 그리스의 철학자 아리스토텔레스는 '에우다이모니아Eudaimonia'라는 개념을 들어 행복한 삶을 이야기했다. 우리가 잘 지내는 시기에는 모든 게 잘 들어맞고, 잘 흘러가고, 잘 작동한다. 그럴 땐 육감적으로 모든 것이 잘 돌아가고 있다는 단순한 느낌이 든다. 그런데 현대 사회는 잘 지내는 것에 대해서는 별로 이야기하지 않는다. 회복력에 대해서는 자주 논하면서 말이다. 마치 잘 살기보다는 일단 살아남는 게 먼저인 느낌이다.

엄청난 속도와 규모, 늘어나는 스트레스와 불확실성 때문에 요즘은 잘 사는 것이 매우 어렵다. 주위를 둘러보면 눈부시게 발전한 모습이지만 좀 더 들여다보면 그 안엔 인간의 좌절이 섞여 있다. 인간은 복잡성이라는 거미줄에 걸려 버렸고, 그 거미줄이 숨 막히게 사람들을 시스템과 계층에 묶어두고 있다. 한 무더기의 코드와 패스워드를 관리해야 하고 마치 단련된 곡예사처럼 오프라인과 온라인의 균형을 잡는 일이 일상이 되었다. 이게 정상인가? 글쎄, 뉴노멀로 생각할 순 있겠지만 그래도 복잡하다.

단순성을 추구한다는 것은 어떠한 기술을 마스터한다는 말이 아니다. 우리가 할 일은 첨단 기술을 배우는 것이 아니라 오히려 오랜 방식으로 누구나 할 수 있는 변화를 시도하는 것이다. 바로 깊이 사고하고 이전과 다르게 행동해보는 것이다.

이 책은 복잡함에 대해 고민하는 개인과 기업에게 단순한 원칙을 제시해주는 책이다. 이 책을 읽는 당신이 지금 무엇을 하고 있든지, 즉 학생이든, 기업의 리더든, 매니저든, 프리랜서든, 아이를 키우는 부모든, 은퇴자든 상관없다. 그저 수많은 선택과 복잡함에 갇혀 있는 당신이 그 짐을 떨쳐내고 본질과 핵심을 통제하도록 돕는 것이 이 책의 목적이다.

또한 과부하된 생활 속에서 단순성을 유지하기 위해 애쓰고 있는 나 자신을 위해서도 이 책을 썼다. 당신과 마찬가지로 나에게도 주어진 역할과 책임이 있다. 나는 생산성이 더 많은 시간 일한다고 얻어지는 게 아니라 일과 생활의 균형을 찾을 때 비로소 얻어진다는 사실을 깨달았다. 30년 넘게 컨설턴트이자 기업가, 교육자로서 커리어를 쌓으며 인생에서 복잡성을 줄이기 위해 무엇이 가장 필요한지에 대해 배울 수 있었는데, 그건 바로 '단순성'이었다.

내가 제안하고 싶은 건 간단하다. 복잡성이 우리의 인생을 어수선하게 만들도록 내버려 둬서는 안 된다는 것이다. 어디에 나의 에너지와 재능을 집중시킬지를 단순화하는 방법을 당신도 충분히 배울 수 있다. 어떤 상황에서든 단순함을 유지하고 복잡성을 줄이도록 돕는 나의 아이디어를 공유하고 싶다. 단순화 원칙은 두 개의 핵심 아이디어로 되어 있다. 바로 '단순성 유지하기'와 '자연에서 배우기'이다.

단순성 유지하기 단순해지면 복잡성이 줄어든다. 또한 집중, 생산성, 창의성, 평온도 따라온다. 세상이 계속해서 복잡해지는 건 사실이지만, 우리는 필요 이상으로 스스로 삶을 더 복잡하게 만들곤 한다. 주변을 보면 학생의 삶, 직장인의 삶, 시민의 삶을 이루는 기본적인 시스템들이 심하게 꼬인 털실 뭉치처럼 뒤죽박죽 엉켜 있을 때가 있다. 단순해지면 복잡한 것(선택이 힘듦)과 복합적인 것(해결책을 찾는 것이 힘듦) 사이에서 중심을 잡을 수 있다. 단순해지기 위한 노력은 언제든지 할 수 있는데, 노력을 실천에 옮기느냐 마느냐가 실패와 성공을 가를 것이다.

자연에서 배우기 자연에서 소위 '육각형 행동원칙'을 실천하는 데 필요한 단순한 패턴을 배울 수 있다. 눈의 결정체, 육각형 탄소 원자, 그리고 벌집에서 관찰되는 여섯 면으로 이루어진 이 육각형이라는 모양은 매우 실용적이면서도 단순한 구조를 하고 있다. 한편, 숫자 6은 수학에서 말하는 소위 '완전수'이자 뭔가를 조직하는 데 유용하게 쓰이는 숫자다. 육각형은 단순함을 나타내는 전형적인 모양이기도 하다. 이 육각형의 믿을 수 없는 힘과 유용성에서 우리는 뭔가를 배울 수 있다. 이 육각형 행동원칙에 따라 행동하는 전형적인 종이 바로 꿀벌이다. 꿀벌은 인간과 마찬가지로 타인이라는 존재가 필요한 사회적인 곤충이자 초개체이다.

단순함을 통한 성공

단순화 원칙을 실제로 적용하는 것이 쉬운 일은 아니다. 생각과 행동을 바꾸는 데는 책임감과 호기심, 수많은 시도와 실패가 수반되어야 하기 때문이다. 하지만 복잡하지는 않다. 이 책을 사느라 지불한 돈 외에 더 지불해야 할 것도 없다. 암기해야 할 것도, 몰두해야 할 것도 없다. 그저 자신이 무엇을 할 때 집중력이 생기는지, 또 가슴이 뛰는지를 살펴보고, 6분, 6시간 또는 6개월 동안 시도해보고 싶은 것을 알아보면 된다.

이 책에서 소개하는 기법들을 적용한다면 당신은 분명 인생의 전성기를 다시 맞이할 것이다. 누군가에겐 첫 전성기가 될지도 모르겠다. 만일 지금 이대로가 좋다고 생각한다면, 삶이 바쁘긴 하지만 나쁘진 않은 상태라면, 힘이 소진되기보다는 일종의 보상을 받고 있다면, 그리고 인생의 문제들을 해결할 자신만의 법칙과 질서가 있다면 이 책을 덮어도 좋다! 물론 계속 읽어도 손해 보진 않을 것이다. 내 아이디어를 넘어서 우리가 어떻게 생각하고 행동하면 좋을지에 대한 흥미로운 이야기도 공유하는 책이기 때문이다. 이 책에서 소개하는 육각형 행동원칙이 당신의 삶과 커리어를 향상시키는 데에 잘 사용되기를 바란다.

책을 계속 읽다 보면 인생을 바라보는 방식을 획기적으로 단순화하고, 생각할 여유를 만들고, 생산성과 집중력을 향상시키는 것이 무엇인지 명확하게 알 수 있을 것이다. 그럼, 시작해보자.

차례

Part 1 복잡함을 이기는 단순함의 힘

뛰어난 벌만이 자신이 알고 있는 것을 가르칠 수 있다.

줠리앵 프랑송

인생을 풍요롭게 하는
단순화의 법칙

단순해지는 것이 복잡성을 갖추는 것보다 어려울 때가 있다. 아이디어가 명료해질 때까지 부단히 노력해야 하니까. 하지만 일단 단순해지는 데 성공하면 그다음엔 산도 들어 옮길 수 있다.

스티브 잡스Steve Jobs

단순함에 대해서 생각하기 시작한 건 질풍노도의 20대 시절이었다. 당시엔 지금보다 삶이 훨씬 쉽고 간단해 보였다. 나는 비라고Virago 출판사에서 커리어를 시작했는데, 그곳에서 미국의 위대한 시인이자 인권운동가인 마야 안젤루Maya Angelou와 일하는 영광을 얻었다.

마야는 180센티미터가 넘는 키에 멋진 바리톤 목소리를 지닌 엄청난 카리스마를 풍기는 여성이었다. 마야가 말할 땐 모두가 귀를 기울였다. 사적인 자리에서 그녀는 멋진 미소로 적절한 격언을 인용하여 말하기도 했고, 종종 위스키 한 잔을 곁들이며 말하기도 했는데, 태도만큼은 늘 진지했다. 마야는 단순함의 엄청난 효과를 잘 알고 있는 사람이었다. 언젠가 마야에게 누군가 이렇게 물었다.

"저는 냉정하다 싶을 정도로 솔직합니다."

그러자 마야가 건넨 대답이 두고두고 생각난다.

"왜 굳이 '냉정하다 싶을 정도로'라는 말을 넣으시는 건가요? 솔직하다는 단어만으로 충분하지 않을까요? 복잡하게 표현하지 마시고 그냥 솔직하다고 하세요. 자, 단순하게 가시죠."

이 일화는 마야가 애정하는 표현인 'KISS'와 일맥상통한다. KISS는 "바보야, 단순하게 좀 해Keep It Simple, Stupid"의 머리글자만 딴 말이다. 마야는 이 말을 자신의 식대로 바꿔 사용했는데, 나는 그의 버전이 더 마음에 든다. 마야의 버전은 이렇다.

"자, 단순하게 가요Keep It Simple, Sweetie."

KISS는 단순하지만 진지하다. 인터넷이나 소셜 미디어가 없던 시절이 지금보다 단순했을까? 생각해보면 그렇지도 않은 것 같다. 더 단순했다기보다 지금과 달랐다고 해야 할 것 같다. 소설가 찰스 디킨스는 19세기 영국을 "사지가 레드테이프*로 묶인 나라"라고 표현했는데, 이러한 문서주의가 불러오는 복합성은 오늘날에도 이어진다. 일상적인 업무에서조차 복합성이

●   레드테이프는 17세기 영국의 관청에서 공문서를 매는 붉은 끈에서 유래된 '형식주의' 또는 '문서주의'를 말한다.

마치 타이트한 스카프처럼 우리를 졸라매고 있다. 복합성은 눈에 보이지도 않으면서 우리의 시간과 에너지, 집중력을 낭비하게 만든다.

　KISS는 1930년대 미국 록히드항공사에서 조송사들뿐만 아니라 항공기의 생산을 관리 감독했던 클래런스 켈리 존슨Clarence 'Kelly' Johnson이 처음 만든 말이다. 존슨은 단순함을 유지하고 이에 집중하는 원칙이 생명을 구하는 지름길이라는 사실을 잘 알고 있었다.

복잡성이라는 킬러

KISS 원칙이 오늘날에 잘 활용되지 못하는 것이 참으로 안타깝다. 요즘 사람들은 복잡한 걸 당연하게 여기며, 상황이 단순해질 수 있다는 사실을 잊고 산다.

　2018년과 2019년에 보잉 737 맥스 두 대가 추락했다. 총 346명이 사망한 이 사고의 원인으로 인간과 기술이 각자의 역할을 하지 못한 채 끔찍할 정도로 복잡하게 엉켜 있었다는 사실이 밝혀졌다. 새로운 컴퓨터 파일럿 시스템에 설계 결함이 있었고, 이 시스템을 숙련되지 않은 파일럿이 조작했던 것이다. 컴퓨터 결함이 기수를 기울게 만들었는데, 이를 파일럿이 다시 복구시키려다가 과부하가 걸려서 결국 사고가 일어났다. 이렇듯 KISS 원칙이 간과될 때에 큰 비극이 일어날 수 있다.

나를 찾아오는 클라이언트 중에는 얽히고설킨 여러 문제로 고통받고 있는 경우가 많다. 이들 대부분은 스스로를 경쟁 상황에 묶여 있다고 여기며, 집중력은 스트레스로 너덜너덜해져 있다. 나는 이런 상태를 일명 'CAT 증후군'이라고 부른다. CAT은 복잡성Complexity과 불안Anxiety 그리고 너무나 적은 시간Time의 머리글자를 따서 만든 말이다. 사람들은 스스로 납득되지 않는 상황에 처하면 제대로 생각하지 못한다. 결과와 성과에 대한 압박이 일을 더 어렵게 만드는데, 거기에 데드라인까지 있다면 재앙이나 마찬가지다. 그렇다면 해결책은 뭘까? 바로 단순성을 잃지 않는 것이다.

일상생활로 넘어가 보자. 일상 속 단순성은 어디에서 찾을 수 있을까? 내가 뉴욕의 타임스퀘어 근처에 있을 때 정전이 된 적이 있다. 변전소 문제였는데, 수천 명의 사람들이 어두운 지하철이나 승강기에 갇혀 있어야 했고 도로 위의 차들은 신호 없이 서로를 피해 다녔다. 사람들은 각자의 휴대폰 전력에 의존했는데, 아무도 무슨 일이 일어나고 있는지 정확히 알 수 없었다. 이런 일이 무려 맨해튼에서 일어난 것이다. 미국의 심장부, 월스트리트가 있는 곳, 브로드웨이가 있는 곳에서 말이다. 한 달후, 다시 영국으로 돌아왔는데 영국 전기회사에 전원 서지가 발생해 몇 시간 동안 전기 공급이 완전히 중단되는 일을 또 겪었다. 현대 사회의 실패는 항상 경종을 울리며, 어떤 사건 그 자체의 이면에서 불안과 동요를 유발한다. 그럼으로써 우리가 얼마나 의존적인지, 또 얼마나 실제적인 대안을 갖추고 있지 않은지를 상기시켜준다.

물론 이러한 시스템 실패를 두고 어떠한 개인도 비난할 수는 없다. 복합적인 컴퓨터 시스템일 뿐이니까. 이 시스템들은 얼굴도 없고 목소리도 없다. 이들에게 명령을 내리는 체계는 너무 광범위하고 복잡해서 누가 통제하는지 밝혀내기는 쉽지 않으며, 누구에게 책임을 돌릴지도 분명하지 않다. 하지만 그중 하나의 연결이라도 끊어지면, 우리가 오늘날 너무나 당연하게 누리는 것들이 없던 시대로 즉시 돌아간다. 전기, 대중교통, 에어컨, 신호등, TV가 없던 시대로 말이다.

이렇게 복잡한 세상에서 우리는 어떻게 살아가야 할까? 이 책은 세상은 원래 복잡하게 돌아간다는 통상적인 생각을 완전히 뒤집는 내용이다. 첨단과학의 시대에도 여전히 조종석에 앉아 있는 건 사람이라는 사실을 기억해야 한다. 우리가 만들어 따르는 시스템도 결국 우리의 것이며, 우리의 행동 역시 작지만 목적성 있고 일상적인 방법으로 충분히 바뀔 수 있다.

인생에서 중요한 6가지만 기억하라

세상에서 가장 복잡한 시스템

물론 삶은 복잡하고, 인간 역시 복합적인 존재다. 뇌에는 매 순간 번쩍이는 860억 개의 뉴런들이 활동하는데, 이는 "이 우주에서 알려진 모든 것 중 가장 복잡한 것"이다.[1] 인간은 수백만 년이라는 시간을 거치며 진화한 결과 자연과 질병, 전쟁을 이기고 사회, 도시, 컴퓨터, 로봇, 나노 기술 등 복잡한 세계를 만들어 냈다.

그러나 이러한 인간의 능력은 실제 감정적, 육체적으로 필요한 단순한 욕구와는 완전히 대비된다. 사랑, 피난처, 식량, 일거리를 확보하면 다른 건 딱히 필요 없는데, 다른 걸 더 가지려고 하면서부터 삶은 매우 복잡해진다. 여기에 아이러니가 있다. 사람들이 복잡함으로 지지고 볶는 이유는 초과된 정보를 다루는 뇌의 능력이 사실상 매우 제한적이기 때문이다. 인간의 뇌가 작업 기억에서 동시에 처리할 수 있는 작업의 수는 고작 4~7개다.[2] 물론 20만 년 전, 단절된 소규모 커뮤니티를 이루고 사냥하고 수렵하던 때라면 괜찮았을 것이다. 그때는 가족 이루기, 싸우기, 요리하기, 사냥하기, 살아남기 등 평생 몇 가지 일만을 하면 됐으니까. 하지만 하루에 3만 5천 건씩 결정을 내려야 하는 현대 사회에서는 그다지 좋은 조건이 아니다. 2021년에 인터넷은 3.3제타바이트의 정보를 생산해낼 거라고 한다. 1제타바이트는 약 1조 기가바이트이다. 누구든지 어마어마한 수라는 데에 동의할 것이다.

단 순 하 게 사 는 길

현대의 신경과학은 우리의 뇌는 과하게 복잡해지면 효과적인 서킷을 만들어 절단해버린다는 사실을 보여준다. 스트레스의 증가와 디지털 디톡스 수요의 증가는 복합성을 과대평가하면서도 동시에 단순함을 갈망하는 세상에서 나타나는 증상들이다. 과부하가 걸리면 실수하기 마련이고 사람들은 계속해서 스트레스를 받는다. 그러다 우울감을 느끼고, 화를 내고, 실망한다. 마지막에는 힘겹게 몸부림친다. 우리는 주로 단일 작업만 처리할 수 있음에도 불구하고 언제나 멀티태스킹을 하는 게 문제다. 그렇다. 뇌에서 "빨간불!"이라고 외치는 기본적인 화학 신호를 무시한 채, 앱들을 연신 켰다 껐다 하면서 왔다 갔다 하고, 노이즈와 이미지에 노출된 채 계속 열었다 닫았다 한다. 하지만 우리는 그게 잘못됐다는 걸 느끼지 못하거나 우리에게 선택권이 있다는 걸 알지 못한다.

우리에겐 선택권이 있다. 복잡한 상태를 유지할 수도 있고, 단순한 방법을 찾을 수도 있다. 물론 나는 당신이 후자를 선택하길 바란다. 이제 이 책을 통해 당신이 무엇을 얻을 수 있는지 소개하고 복잡함을 단순함으로 바꾸기 무엇을 해야 하는지 살펴볼 것이다.

1부에서는 복잡함에서 단순함으로 이동하는 과정에 대해 나누고, '단순화 원칙'과 '육각형 행동원칙'이 무엇인지에 대해 설명한다. 이 둘은 이론과 실제가 함께 가는 개념들이다. 1장에서는 단순함의 스펙트럼에 대해 다루는데, 먼저 대비되는 상황을 제시하고, '도대체 복잡성이 왜 문제인가'라는 질문을 던진다. 여기에는 한 가지 정답이 있는 게 아니며, 단순성이라는 스펙트럼 내의 어느 지점을 찾아 균형을 잡도록 도울 것이다. 2장에서는 '육각형 행동원칙'을 소개한다. 육각형이 얼마나 효율적이고 유연한지 알게 될 것이다. 3장에서는 세부 내용으로 들어가기 전에 당신이 집중할 부분을 찾고 생산성을 향상시킬 수 있는 여섯 가지 방법을 제시한다.

2부에서는 단순성의 여섯 가지 면을 상세하게 설명한다. 육각형 행동원칙의 실천편이라고 볼 수 있다. 원한다면 앞부분을 읽지 않고 바로 이 부분으로 넘어가서 어떤 면이 당신에게 깨달음을 주고 당신의 관심을 끄는지 알아봐도 좋다. 세 가지 면은 명료함, 개성, 리셋인데, 여기에서는 우선순위와 목표를 어떻게 정할지, 습관을 어떻게 발전시킬지, 산만함을 어떻게 극복

할지, 창의성과 웰빙을 어떻게 연결할지, 그리고 어떻게 리셋할 수 있을지에 대해 다룬다. 나머지 세 면은 지식, 네트워크, 그리고 시간이다. 이 세 가지는 이전 저서 『완전한 연결Fully Connected』에서도 언급한 바 있다. 사회적 건강이란 인터넷 시대에 살아남아 성공하기 위해 우리에게 꼭 필요한 요소다.[3] 각 장은 육각형의 각 면을 가장 잘 설명해주는 문장으로 시작되며, 각 장의 마지막에서는 해당 장에서 가장 중요한 핵심 내용을 여섯 가지 해결책으로 제시한다.

3부에서는 이 육각형 행동원칙에 동참하는 여섯 명의 인물을 만나본다. 단순화 원칙을 익혀서 육각형 행동원칙을 실천하려는 당신은 이들에게서 영감을 받을 수 있다. 또한 당신이 실제 꿀벌이 되어볼 기회도 있다. 꿀벌처럼 최고의 연결성, 최고의 생산성, 최고의 자아를 이루는 데 도움이 될 것이다. 마지막으로 육각형 행동원칙을 연습해본다.

사회적 건강은 바로 우리가 온라인과 오프라인에서, 자연 안에서와 밖에서 하는 일을 얼마나 잘 관리하는지에 달려 있다. 신경과학은 우리의 생각과 행동을 어떻게 연결할 수 있는지에 대해서 잘 알고 있다. 끊임없이 변화하는 신경가소성이라는 뇌의 특성 덕분에 우리는 사고 패턴과 행동 패턴을 새로 배워나갈 수 있다.[4] 당신이 핵심을 잘 배운다면, 또 업무에 KISS를 도입한다면, 더 이상 당신의 뇌를 괴롭히지 않을 수 있다. 한 발짝 물러서서 문제를 단순화시키고, 의사결정을 하며, 행동에 나설 수 있을 것이다. 달리 말하면, 당신은 정말로 산 하나를 들어 옮길 수 있을 것이다. 정말 간단한 일이다.

Part

1

복잡함을 이기는
단순함의
힘

삶에는 균형이 필요하다

단 순 성 스 펙 트 럼

> 복잡함과 단순함, 이 둘 중 단순함을 취하는 것은 그다지 어려운 일이 아니다. 하지만 복잡함이 만들어내는 단순함을 얻을 수 있다면 그 일에는 평생이라도 바칠 수 있다.
>
> 올리버 웬델 홈즈 주니어 Oliver Wendell Holmes Jnr

균 형 찾 기

뭔가를 잃어버렸는데 아무리 찾아도 찾지 못하는 상황을 생각해보자. 여기 어딘가에 있는 게 확실한데도 못 찾는다면? 내 친구는 어린 ㅇ 찾느라 벽난로늘 통째로 뜯어내기도 했다. 단순히 물건을 엉뚱한 곳에 둔 것이 문제가 아니다. 어디에 뒀는지 자체를 모른다는 것, 그리고 그걸 알아내기 위해 애써 기억을 더

듬어야 한다는 게 문제다. 뭔가를 찾아야 하는 상황에서 찾을
수 있는 시스템이 없는 탓에 낭비하는 시간은 또 얼마나 아까운
가?

'파일링 filing'은 중세시대에 '문서를 실이나 와이어에 묶어
순서를 유지하는 것'으로 사용하던 단어였다. 즉, 복합적인 내
용을 관리하는 것이다. 오늘날은 세계 인구수보다도 많은 장치
가 서로 연결되어 있고, 전 세계에서 매일같이 업로드되는 데이
터의 양은 방대하면서도 생성속도가 빨라 따라가기 어렵다(예
를 들어 인터넷에 존재하는 전체 데이터의 90퍼센트가 최근 5년간 생
겨난 데이터다).[1] 이런 상황에서 무한한 내용을 관리하겠다고 기
술과 기계에 의존하면 할수록 해야 할 일만 늘어나게 된다. 뭔
가 잘못 돌아가고 있다.

사람은 누구나 복합적인 존재이며, 사물을 복잡하게 만드
는 경향을 지니고 있다. 인지과학의 대부이자 세계에서 가장 영
향력 있는 디자이너로 꼽히는 도널드 노먼 Donald Norman 교수는
그의 저서 『심플은 정답이 아니다 Living with Complexity』에서 이렇게
말했다.

"모든 사람은 풍요롭고 만족스러운 삶을 추구하나, 풍요로움은
복합성을 수반한다. 사람들이 좋아하는 노래, 스토리, 게임, 책은
풍요롭고 만족스러우나 동시에 복합적이다. 결국 늘 단순한 걸

인생에서 중요한 6가지만 기억하라

원하면서도 복합성도 필요로 하는 셈이다. …… 어떤 복합성은 매우 매력적이기까지 하다. 과하게 단순하면 둔하거나 단조로워 보일 수 있다."[2]

반면에 경제학자 팀 하포드Tim Harford는 그의 책 『메시Messy』에서 이렇게 말했다.

"멋진 고급 사무실 안에 너저분하게 어질러져 있는 부하 직원의 책상은 보기 흉할 수 있다. 하지만 상사는 기억해야 한다. 책상을 정리시키고 싶다는 욕구를 억눌러라. 어질러져 있는 채로 부디 내버려 두어라."[3]

사무실이 아니더라도 사람들은 단순함을 갈망한다. 오컴의 면도날과 KISS라는 표현에서도 알 수 있듯이 단순함은 우리의 일상에 매우 깊이 관여하고 있다. 많은 이들에게 단순함과 질서는 마음을 차분하게 해주고 자신의 행동을 재확인시켜준다.

이렇듯 우리는 복합성을 지니고 있으면서 단순함을 지향하는 두 극단의 사이에서 적절한 균형을 잡고 안정을 유지하는 일이 필요하다.

심플을 팔다

우리 주변을 둘러보면 단순함 자체를 파는 경우를 자주 본다. 애플의 창업자 스티브 잡스는 단순함을 유지하는 것이 얼마나 힘든 일인지에 대해 강조해왔는데, 나는 그의 의견에 전적으로 동의한다. 잡스는 심플을 무기로 애플을 세계적인 기업으로 만들었다. 애플 설계의 핵심은 바로 단순함이다. 애플의 제품들은 사용하기 쉽고, 보기 쉽고, 백업과 저장이 쉽다. 애플뿐 아니라 아마존, 알리바바, 존슨앤존슨, 텐센트 등 세계 유수 기업들을 보면 공통점이 있다. 백엔드 기술, 기업 구조, 제품 라인 등 그들이 실제로 하는 일은 엄청나게 복잡하다. 그러나 정작 소비자들이 경험하고 보는 것은 가능한 한 단순하게 만들었다. 즉, 복합성이 분명 존재는 하지만 그것이 드러나거나 중심에 있지는 않다. 보이는 것과 중심에 있는 건 다름 아닌 단순함이다. 그리고 이 단순함이 고객들의 충성심을 유지하게 한다.

단순함은 기업의 제품에서부터 예술, 정치에 이르기까지 모든 분야에서 상품화될 수 있다. 영국의 브렉시트 국민투표에서는 "통제권을 되찾자"라는 단순한 메시지가 널리 퍼졌고, 트럼프 미 대통령은 "미국을 다시 위대하게"라는 단순한 슬로건을 들고 나가 대선에서 이겼다. 물론 많은 사람들이 너무나 단순해 보이는 이런 메시지에 불편함을 보이기도 했지만, 그래도 효과는 있었다. 중국의 한 모바일 기업의 캐치프레이즈는 "마음에서 뻗어나가다"로 길고 추상적인 데 반해, 인도 유제품 회사 아물Amul의 슬로건은 그냥 심플하게 "인도의 맛"이다. 세계 최대 음원 플랫폼 스포티파이에서 가장 많이 재생된 곡인 에드 시런의 노래 〈Shape of You〉의 후렴구는 "난 네 모습과 사랑에 빠졌어I'm in love with the shape of you"로 매우 단순하다. 단순함이 음악계에서도 성공 기법인 것 같다. 사람들의 마음을 사로잡기 위해서는 간단하고 쉽게 기억되는 것이 필요하다.

삶 의 경 계

자연은 단순성과 복합성 사이의 스펙트럼을 매우 잘 알고 있다. 자연은 많은 면에서 엄청나게 복잡하다. 카오스 이론에 의하면 나비 한 마리의 날갯짓이 허리케인을 일으킬 만한 영향력을 불러올 수도 있다고 한다. 이는 자연의 복합적인 면을 보여주는 대표적인 이론이다. 반면, 자연에 존재하는 수많은 모양과 패턴은 프랙털fractal*과 같은 구조로 카오스와 복잡함 속에서도 일종의 균형을 잡아주는 역할을 한다. 그 덕에 자연은 일종의 질서

---

* 임의의 한 부분이 전체의 형태와 닮은 도형. 또는 그런 도형이 계속 반복되는 구조를 말한다.

를 가지고 있는 모양들로 가득하다.

예를 들어 보겠다. 여기 벌들의 심장으로 유충, 꽃가루, 꿀이 들어 있는 벌집이 있다. 벌집 하나하나는 왁스를 사용해 육각형으로 지어졌다. 벌집의 모양은 자연 속에 존재하는 여러 패턴 중 가장 잘 알려진 패턴이다. 어느 실험에서 이 모양을 이리저리 바꿔보려 했지만, 모양은 결코 변하지 않았다. 찰스 다윈은 육각형 벌집은 낭비가 전혀 없는 완벽한 구조물이라 말하며 육각형 모양이 공간의 효율성과 관련 있을 거라고 주장했다. 또한 1901년에 모리스 마테를링크Maurice Maeterlinck는 자신의 저서 『벌의 일생The life of the Bee』에서 이렇게 말했다.

"육각형은 계속 만들다 보니 어쩌다 생겨난 결과가 아니라, 벌의 계획, 경험, 지력, 의지가 담긴 진실한 공간이다."[4]

육각형 벌집에 대해서는 뒤에서 좀 더 자세히 살펴보도록 하겠다.

복 잡 함 의 과 부 하

자연이 패턴을 어떻게 활용하는지 관찰하고 배운다면, 현재의 과부하가 무엇인지 알 수 있다. 카오스에 그저 몸을 맡기는 대신, 우리는 단순화 원칙을 따를 수 있다.

복잡함으로 인한 과부하는 생산성과 정신건강에 큰 영향을 미친다. 기술의 발전 덕에 일하는 게 더 쉬워졌다고 생각할 수 있지만, 그렇지 않을 수도 있다. 노동이 경제에 기여하는 정도를 측정하는 '생산성 수준'은 현재 전 세계가 정체되어 있다. 영국의 보건안전청에서 2019년 발표한 보고서에 따르면 매년 1,500만 영업일이 스트레스 때문에 증발하고,[5] 유럽연합 집행위원회에서 발표한 데이터에 따르면 전체 영업일의 약 60퍼센트가 스트레스로 사라져 버린다고 한다.[6] 어떤 국가를 막론하고 스트레스는 비즈니스에 막대한 손해를 끼치며, 이를 돈으로 환산해보면 미국에서만 연간 300조 달러에 달한다.[7] 세계보건기구WHO는 전 세계에서 40초마다 한 명이 자살한다고 보고했다.[8] 과도한 스트레스로 인해 증가하는 자살률은 개인의 문제가 아니라 사회와 공동체의 문제로 바라봐야 한다.

현대 사회는 우리에게 기술이 우리의 삶을 더 간단하게, 더 순조롭게 만들어준다고 속삭인다. 실제로는 그렇지 않은데도 말이다. 기술 덕에 사회가 발전하는 부분도 있겠지만 이로 인해 우리가 받는 어마어마한 스트레스를 간과해서는 안 된다. 스트레스는 한 사회 전반으로 퍼져나가는 유출된 기름과 같다는 말이 있듯이, 우리는 지금 과도한 스트레스에 노출되어 있다.

단순성과 복합성

정신건강과 불안에 관한 글을 써온 작가 매트 헤이그Matt Haig는 이렇게 말했다.

> "몇 년 동안이나 사람들은 복합성의 가치를 믿었고, 또 복합성이 미래지향적인 특성이라고 여겼는데⋯⋯ 이제는 다들 단순함을 향하고 있다."[9]

무언가가 신속하게 진행되지 않고 해결의 실마리가 보이지 않은 채 지연될 때 우리는 스트레스를 받는다. 무력감을 원하는 사람은 없을 것이다. 따라서 우리는 어떠한 일이 지나치게 복합적이라는 사실을 알았을 때 이를 인식하고 해결하기 위한 자기만의 방법이 필요하다.

그런데 오해는 하지 않길 바란다. 복합성이 필요하지 않다는 의미는 아니다. 또한 복합적인 세계를 무조건 단순하게 만들라는 것도 아니다. 이에 대해서 1962년 《철학 저널Journal of Philosophy》에 실린 마리오 분게Mario Bunge의 글을 살펴보길 바란다.

> "단순화 이론을 적용하려면 복합성을 기피하는 것부터 중단해야 한다. '단순화'라는 건 복합성을 간단한 언어로 포장한다고 되는

게 아니다. 단순화 이론이 그 자체로 단순할 필요는 없다는 것이다."[10]

그는 복합적인 것을 단순하게 바꾸려고 할 때 지나치게 단순해지는 걸 피해야 한다고 강조한다.

'단순함'은 여러 가지로 정의할 수 있다. 그중 내가 가장 좋아하는 정의는 '형태 또는 설계가 평범해지거나 복잡해지지 않기 위한 조건'이다. 또한 '복합적이다'이라는 말이 '복잡하다'라는 말과 같지 않다는 걸 강조하고 싶다. 복잡하다는 건 한 번에 이해하기 힘든 것을 의미한다. 즉, 선별되지 않고 분석되지 않은 상태다. 당신은 복잡한 어떤 대상을 분석하고 해체함으로써 그 대상을 더 쉽게 관리할 수 있다. 우리의 뇌는 학습하고 사고하는 패턴을 새로 만들어 나갈 수도 있다. 하나의 시스템을 다른 시스템보다 우선시하기 위해 사고와 행동을 조절할 수 있는 존재가 바로 당신이다.

단 순 화 규 칙 들

운전을 해본 사람이라면 안다. 운전은 한 번 배우면 어지간해서는 잊어버리지 않는다. 물론 처음엔 서툴 테지만. 당신의 뇌는 복잡한 일련의 일들을 동시에 처리하는 데 익숙해진다. 운전을 하는 내내 다른 차들을 빠르게 탐색하는 건 결코 간단한 일이 아니다. 전 세계적으로 매년 수백만 명의 사람들이 교통사고로 사망하고 5천만 명 이상이 다친다.[11] 인류가 복합성을 언제나 잘 관리하는 건 아니라는 증거다.

'안전하게 끼어들기' 규칙은 단순성에 기반해 만들어진 원칙이다. 영국에서는 모든 운전면허 응시생이 "백미러, 방향지시등, 이동"이라는 말을 주문처럼 외워야 한다. 실제로 매우 단순한 이 메시지는 사람들로 하여금 도로의 복합성을 받아들이고 잘 처리하고 주의를 기울이도록 만든다. 하지만 거기에 스마트폰이 끼어들면 문제는 복잡해진다. 2011년 세계보건기구는 스마트폰 때문에 발생하는 '운전자 주의 분산'의 위험성을 경고했다.[12] 또한 최근 보고서에 따르면 전 세계 교통사고의 25퍼센트가 스마트폰으로 인한 사고라고 한다. 왜 그럴까? 답은 간단하다. 운전이 애초에 멀티태스킹을 할 수 없을 만큼 주의를 집중해야 하는 일이기 때문이다. 운전 중에 문자를 보내거나 내비게이션을 조작해도 충분히 안전할 거라고 착각하는 것처럼, 일상에서도 이런 착각을 한다. 많은 일들을 단순하게 만들어서 우선순위에 따라 집중하는 대신, 괜찮을 거라고 생각하고 일단 그냥 처리해보는 것이다.

자, 이제 내가 말하고자 하는 게 뭔지 알았을 거다. 중요한 건 복합성을 줄이고, 관리하고, 최소화하는 것이다. 이것이 바로 단순화 원칙의 기본이다. 그 첫 단계는 무엇이 복합적인지를 먼저 아는 것이다.

복합성 테스트

나는 오리 판별법을 좋아한다. 오리 판별법은 이 문장으로 유명하다.

"오리처럼 보이고, 오리처럼 헤엄치고, 오리처럼 꽥꽥거린다면, 오리가 맞는다고 추정해도 무리가 없다."

복합성과 단순함을 대비할 때도 마찬가지라고 생각한다. 차이가 명백하게 보인다. 현재 당신의 인생이 얼마나 복잡한지 생각해보라. 당신의 하루는 해야 할 일들로 가득 차 있는가? 어떤 일을 진행하려면 많은 사람들과 단계를 거쳐야 하는가? 서로 다른 시간대에 걸친 데드라인과 타임라인이 있는가? 하루 동안 여러 개의 기기와 플랫폼이 필요한가? 그렇다면 나는 그게 오리임을 판별하는 '꽥꽥' 소리로 들린다.

이 오리 판별법을 좀 더 확장시켜보자. 다음에 나오는 세 가지 질문에 자신에게 해당하는 것을 선택해보자.

1. 당신의 일상은 어떤가요?

A. 일상을 둘러싼 기술, 인간관계, 시스템 등이 별문제 없이 돌아가고 있다. 현대적인 생활을 하고 있다는 데서 행복감과 기쁨을 느낀다.

B. 어느 정도 나의 통제 아래 일상이 돌아가고 있다는 느낌이 든다. 하지만 종종 잘 안 되는 일도 있다. 예를 들어 스마트폰 앱이 갑자기 오류가 난다거나 단체 채팅방에서 불필요한 오해가 생겼다든가 하는 일 등이다.

C. 일이 지연되거나 문제가 생겨서 꽉 막힌 도로에 갇힌 기분이 든다. 다른 사람들이나 기계가 내 인생을 주도하고 있는지도 모르겠다.

D. 내가 하찮은 부품같이 느껴진다. 일을 하거나 사람들과 관계를 맺을 때 무언가의 도움을 꼭 받아야 할 것 같다. 그런 생각이 나를 다운되게 한다. 다른 사람들에게 의존적이고, 내가 인생의 주체가 되지 못하는 것 같다.

2. 세상이 어떻게 돌아가는 것 같습니까?

A. 전반적으로 잘 돌아가고 있다. 일정에 맞춰 일이 진행되고 있으며, 삶이란 꽤 괜찮은 것 같다.

B. 의심이 들기 시작했다. 무언가 큰 문제가 생긴 것 같고, 쉽게 풀릴 것 같지 않다. 세상이 생각보다 심각한 카오스에 빠

져 있는 것 같다.

C. 나를 둘러싼 문제들은 전부 다른 사람들의 실수나 오해에서 비롯된 것들이다. 아무리 좋은 기술장치도 인간의 오류를 해결해주지 못하는 것 같다. 하루하루 살아내는 것이 점점 지친다.

D. 일이 점점 복잡해질 뿐 조금도 풀리지 않고 있다. 단순하게 돌아가는 일이 하나도 없다. 세상이 돌아가는 방식과 나처럼 무력감을 느끼는 사람들을 보면 매우 걱정된다.

3. 당신에게 지금 아이디어가 있고, 그 아이디어를 직장에서 실현시키고자 한다면?

A. 쉬운 일이다. 빠르고 간단하게 결정할 수 있고, 최종 결정까지 단계가 복잡하지 않다(어느 정도의 범위 내에서). 아이디어에 관해 먼저 논의하거나 토론해야 할 사람이 세 명 이하다.

B. 할 수는 있지만 시간이 걸린다. 빠르고 간단하게 할 수 있는 일이 없다. 그래도 아이디어 실현을 위해 만나고 설득해야 할 사람들이 누군지는 알고 있다.

C. 따라야 할 엄격한 절차와 시스템이 존재한다. 아이디어는 반드시 서면으로 작성해야 하거나 내가 모르는 결정권자들로 구성된 위원회 앞에서 발표해야 한다. 잘 보여야 하는 리더층이 존재한다.

D. 나의 직장은 아이디어를 잘 받아들이지 않고 나에겐 문제를 해결할 어떠한 권한도 없다. 즉, 다른 사람의 지시에만 따라야 한다. 개별성과 창의성은 중요하지도 않고 발휘될 수도 없다.

결과

A가 가장 많았다 낙관론자로 당신의 세상엔 간단히 풀 수 있는 것들로 가득하다. 이제 당신에게 도움이 되고 또 다른 이들도 도울 수 있는 단순한 방법들을 정리해보자.

B가 가장 많았다 낙관론자와 회의론자의 중간에 있다. 세상일이 때론 복잡할 수 있다고 생각하며, 그러한 복잡함이 종종 긍정적인 효과를 낸다고 여긴다. 이제 할 일은 약한 부분을 찾아내서 보완하는 것이다.

C가 가장 많았다 우울한 성향을 지니고 있거나 주변 환경이 제대로 돌아가지 않는다고 느낀다. 관료주의가 인생의 큰 부분을 차지한다고 느끼며, 다른 사람들을 뚫고 나가야만 하는 일이 더러 있다.

D가 가장 많았다 세상이 복잡함으로 가득하다고 느낀다. 이는 당

신만 경험하는 감정은 아니다. 하지만 세상을 보는 관점이나 실제 주변이 변화해야 하는 건 맞다. 당신은 변화될 수 있다.

이제 단순함의 모습, 숫자 6, 그리고 육각형 행동원칙에 대해서 좀 더 자세히 살펴볼 것이다. 본격적으로 도구를 꺼내 들고 당신의 인생을 보다 쉽게 만들기 위한 시도를 시작해보자.

숫자 6의 파워

육각형 행동원칙

> 육각형은 자연적으로 형성되는 모양이며 건축에서 가장 먼저
> 선택하는 기하학 구조다. 자연은 이미 6이라는 숫자로 가득하
> 다.[1]
>
> 그레이엄 맥케이Graham McKay

완전한 수

2400년 전 고대 그리스에서 태어난 수학자 유클리드가 이 책이
나오는 데 큰 공헌을 했다. '기하학의 아버지'로 불리는 그는 단
순화 원칙의 열쇠를 쥐고 있는 사람이다. 6이 완전수라는 걸 알
아낸 사람이자[2], 기하학과 산술에 관한 내용을 체계적으로 정리
하여 가장 위대한 수학책으로 평가받는 『기하학원론』의 저자이

다.[3] 이 책에서 유클리드가 제시한 기하학의 다섯 가지 공리는 다음과 같다.

1. 임의의 서로 다른 두 점은 직선으로 연결할 수 있다.
2. 직선은 무한히 연장할 수 있다.
3. 임의의 점을 중심으로 하고, 임의의 길이를 반지름으로 하는 원을 그릴 수 있다.
4. 모든 직각은 90도다.
5. 평면 위의 한 직선이 다른 두 직선과 만날 때, 같은 쪽에 있는 내각의 합이 180도보다 작으면 이 직선을 연장할 때 180도보다 작은 내각을 이루는 쪽에서 반드시 만난다(평행선 공리로 알려져 있다).

나는 여기에 여섯 번째 공리를 조심스럽게 추가하고자 한다. 바로 "기하학이 단순함을 부른다"이다. 당신이 선과 각을 활용하여 경계와 모양을 만들어낸다는 건 거기에 질서와 해석을 부여하는 것이다. 다시 강조하지만 기하학과 숫자 6에 대해 유클리드가 가진 감각은 완벽하고 단순하다.

숫자 6은 특별하다

심플함의 요소를 소개하는 데에 육각형을 적용하게 된 건 우연이 아니다. 당신도 아마 다른 책에서 해답은 특정 숫자에 있다는 식의 이야기를 들은 적이 있을 것이다. 하지만 '6'이라는 숫자는 다른 숫자보다 좀 더 특별하다.

인간의 작업 기억에 대해 알려진 것 외에도(인간이 순간적으로 동시에 기억할 수 있는 건 7가지를 넘지 못한다) 유클리드가 분류한 완전수 가운데 가장 작은 숫자가 바로 6이다.[4] 그다음 수는 28이고, 그다음은 496으로 훌쩍 뛴다(일상생활에 적용하기에는 큰 숫자라는 데 당신도 동의할 것이다).

〈곰돌이 푸〉의 제작자 A. A. 밀른은 그의 시집 『이제 여섯 살이야Now We Are Six』에서 아이들이 여섯 살이 될 때 느끼는 감정을 노래하는데, 밀른은 이를 "점점 더 똑똑해지는 느낌"이라고 표현했다.[5] 그의 말처럼 6은 정말 똑똑한 숫자다. 우리는 6의 배수로 둘러싸인 환경에서 산다. 하루는 24시간이고, 일 년은 12개월이고, 일주일에 6일을 일한다. 숫자 6은 이등분할 수도 있고, 삼등분할 수도 있다. 숫자 6은 그만큼 유연하다.

영국의 위대한 물리학자이자 천문학자인 로열 마틴 리스Royal Martin Rees는 저서 『여섯 개의 수Just Six Numbers』에서 우주를 지배하는 여섯 개의 수를 통해 우주의 기원과 진화, 은하, 별, 블랙홀, 행성, 생명의 탄생에 관하여 설명하고 있다. 숫자 6은 자연과 과학, 문화의 영역에서 이미 너무나 광대하게 존재한다. 멀리까지 가지 않아도 된다. 여기 여섯 개의 예시를 살펴보길 바란다.

1. 곤충의 다리는 여섯 개이고, 생물학에는 여섯 개의 '계界'가 존재한다.

2. 숫자 6은 여러 종교에서 사용된다. 이슬람교 교리에서는 여섯 가지 믿음이 있으며, 유대교의 유월절에는 무교병, 제로아(양 정강이뼈 고기), 달걀, 쓴 풀, 하로셋(페이스트), 카르파스 등 여섯 가지 음식을 준비한다. 개신교에서 신이 인간을 만든 날은 여섯 번째 날이다.

3. 중국에서는 숫자 6이 흐름과 부유함을 상징하고, 인도에서는 6을 행운의 숫자로 특별하게 여긴다.

4. 스포츠계도 숫자 6을 좋아한다. 테니스는 한 세트가 여섯 게임이고, 배구는 한 팀이 여섯 명이다. 크리켓은 여섯 개의 공으로 게임을 진행한다.

5. 점자는 여섯 개의 점으로 되어 있다. 전통적으로 시신을 매장하는 깊이는 6피트이다.

6. 마지막으로 '여섯 번째 감각'인 육감은 인간의 직감을 의미한다. 우리의 본능을 신뢰하는 것이 단순화 원칙의 핵심이기도 하다.

육각형 찾기

내가 처음 육각형에 꽂힌 날을 이야기해볼까 한다. 숫자 6에 기반하여 개인 및 비즈니스 매니지먼트 시스템을 만드는 아이디어는 『완전한 연결』에서 처음 구상했다. 이 책의 핵심 아이디어는 바로 '사회적 건강'이다. 사회적 건강을 관리하는 것은 우리가 정신적, 신체적 건강을 관리하듯 우리의 연결 상태를 살피는 것을 의미한다. 우리는 스스로 뭘 먹는지, 어떻게 일하는지, 얼마나 자는지는 매일 체크하면서, 정작 온라인에만 들어가면 브레이크에서 발을 뗀 채 계속하여 '정보 비만' 상태가 되어간다.

이 아이디어의 핵심은 단순함에 있다. 나는 이 단순함을 분명하게 보여주고, 어떻게 실천해야 할지 알려줄 수 있는 모양이나 숫자가 필요하다고 생각했다. 가장 먼저 머릿속에 떠오른 건 원이다. 원은 네트워크와 연결을 떠올리게 하는 모양이었다. 올림픽의 오륜기는 역사적으로 가장 멋진 그래픽 디자인으로 꼽히는데, 원들이 서로 맞물려 있는 모양에서 한눈에 조화, 힘, 협력, 인내가 느껴지기 때문이다. 그런데 원은 무한한 느낌을 줬다. 내 전문인 네트워크 사이언스 분야는 한계가 없는 원형보다는 가장자리와 경계, 그리고 그것들이 교차하는 지점에 더 주목한다. 나는 다른 모양을 계속 찾아나섰다. 그러던 중 자연 세계에서 일어나는 일들을 관찰하기 시작했고, 곤충, 특히 흰개미와 꿀벌 등이 엄청나게 정교한 수단을 사용하여 협력하고 건축한다는 사실을 알게 되었다. 리사 마르고넬리Lisa Margonelli의 저서 『언더버그Underbug』에는 흰개미에 대한 다음과 같은 설명이 있다.

> "흰개미는 평균적으로 높이가 10피트나 되는 집을 짓는 데 1년 정도 걸린다. 흰개미의 몸 크기를 고려하면 엠파이어 스테이트 빌딩을 1년 만에 짓는 것이다. 17피트 정도 되는, 우리로 치면 두바이의 부르즈 칼리파(163층, 높이 2,722피트)를 지은 경우도 있다. 이들에게 건축가나 구조기술자가 따로 있는 것도 아니다."[6]

쇼 미 더 허 니

> 꿀을 볼 수도 있고, 꿀 향기를 맡을 수도 있지만, 꿀을 맛볼 수는 없었다.
> 『곰돌이 푸』중에서

나는 흰개미들의 건축 능력뿐 아니라 흰개미라는 생물 자체에 매료되었다. 하지만 흰개미는 나와 관련성이 아주 많지는 않았다. 그러던 중 벌을 알게 되었다. 2019년에 어스와치 연구소는 벌을 지구상에서 가장 중요한 생물종이라고 발표했다.[7] 벌은 계속해서 나를 매료시켰는데, 특히 꿀벌이 그랬다. 나는 인스타그램에서 양봉을 하는 수많은 사람을 팔로우했고, 벌 관련 블로그, 팟캐스트를 찾아 헤맸으며, 수많은 서적들, 벌에 관한 상식, 벌 모양 디자인들을 수집했다. 사람들이 구조공학의 천재인 흰개미보다 꿀벌을 훨씬 더 친숙하게 느낀다는 것도 알 수 있었다. 벌은 흰개미보다 좀 더 통통하고 훨씬 컬러풀하다. 그래서 이거다 싶었다. 그때 『벌The Bees』의 저자 랄린 폴Laline Paull을 알게 되었다.[8] 랄린 폴이 그려낸 벌들의 사회는 완벽하지 않으며, 책략, 사랑, 폭력 등 일일드라마에서 일어날 법한 벌들의 이야기를 담고 있다.

벌집은 벌들의 생존에 매우 중요하다. 벌들이 거주하는 곳이자 일하는 곳이며, 유충, 꽃가루, 꿀을 저장하는 곳이기 때문이다. 벌들은 기본적으로 원통형의 벌집을 짓기 시작한다. 그런데 이 동그란 모양이 시간이 지나면서 전혀 다른 모양, 즉 육각형으로 굳어간다. 나는 그 사실을 알게 된 순간 본능적으로 바로 내가 찾아 헤매던 것이라는 걸 알았다. 육각형은 타일이나 모자이크처럼 붙일 수도 있고 연결하거나 교차하는 패턴을 만들 때도 사용되는 데다가, 흔치 않은 대칭성 또한 갖고 있기 때문에 우리는 육각형의 반만, 또는 일부인 삼각형만 취할 수도 있다. 이런 사실을 알고 나자 나는 육각형과 숫자 6이 내가 갈망하던 모양이자 숫자라는 걸 확신했다. 나는 곧바로 벌집과 같

인생에서 중요한 6가지만 기억하라

은 영감을 찾아나섰다. 육각형을 수집하기 시작한 것이다.

육각형은 숫자 6과 마찬가지로 자연환경 전반에 존재하면서 우리에게 영감을 준다. 아래 사실들을 참고하자.

1. 태양으로부터 여섯 번째에 있는 행성인 토성은 '육각형 구름'으로 알려진 기묘한 구름 패턴으로 유명하다. 이 층은 탄소 원자로 이루어져 있다.[9] 탄소는 우리의 주변과 삶을 구성하는 기본 원소 중 하나다. 탄소의 모양은 육각형이 아니지만, 탄소가 만들어내는 화합물의 모양은 육각형이 많다.

2. 초경량에 유연하고 강철에 비해 약 200배 강한 그래핀은 현대 제조업계에 혁명을 일으켰다. 그래핀은 흑연의 구성 물질로 전자현미경으로 흑연을 관찰하면 탄소 원자들이 육각형으로 연결되어 마치 벌집처럼 보인다. 그래핀은 흑연을 이루는 여러 층 가운데서도 가장 얇은 막 한 겹을 떼어낸 것이다.

3. 벌집 내부에는 최대의 공간 효율과 산소의 흐름을 고려해 설계된 방들이 있다. 각 방은 초기에는 잘 찌그러지는 원형이었다가 굳으면서 육각형으로 변한다.

4. 눈 결정체를 살펴보자. 눈의 결정 모양 중 같은 모양은 단 한 개도 없다. 결정은 사람 생김새처럼 각각의 개성을 가지고 있는데, 기본 모양은 육각형이다.

5. 잠자리의 눈에서부터 북아일랜드의 자이언트 코즈웨이와 같은 광활한 현무암 지대에 이르기까지 수많은 육각형이 자연 세계와 우리를 형성하고 있다.
6. 숫자 6과 마찬가지로 육각형은 어디에서나 발견된다.[10] 볼트와 너트는 편의성을 위해 원형 홀 주변을 육각형 모양으로 만든 경우가 많다. 현대 축구공 디자인은 육각형 20개와 오각형 12개로 되어 있어서 공기 역학적으로 완벽하다.

단순함과 대칭성을 바탕으로 공간 효율적이고, 강력하며, 상호 연결성이 뛰어나다는 점이 육각형을 완벽한 프레임워크로 만들어준다.

꿀벌의 단순함

육각형이 심플함을 가장 잘 나타내주는 전형적인 모양이라면 전형적인 생물종은 바로 꿀벌이다.

꿀벌은 인간과 마찬가지로 아주 세심한 의사소통 시스템을 가졌다. 연구 결과들은 벌들의 '군집 지능' 패턴이 인간의 뇌에서 벌어지는 뉴런들의 활동과 유사하다고 밝혔다. 또한 벌들이 벌집 안에서 사회를 조직하는 프로세스가 민주적인 의사결정

프로세스와 닮았다고 한다.[11] 꿀벌은 주어진 개별 역할에 따라서 행동하기도 하지만 상당히 조직화된 사회적 시스템 안에서 다른 꿀벌들과 함께 행동하기도 한다.

하나의 집단이 마치 한 개체에 해당하는 능력을 보이는 경우를 초개체라고 부른다. 초개체의 생산성은 이들의 사회성에서 기인한다. 꿀벌의 문명은 고정된 상태로 있지 않고 군집을 이뤄 지속적으로 주변 환경에 적응해나가야 살아남는다.[12] 꿀벌들의 군집은 소규모 지역 사회일 수도 있지만 다국적 기업만큼 클 수도 있다. 수천, 수만 마리의 벌들은 협력적이고 교차 연결되는 방식으로 다양한 기능을 수행하며 살아간다.

다리가 여섯 개인 이 곤충은 단열재부터 저장고 역할까지 하는 육각형 방으로 이루어진 벌집에서 생활도 하고 일도 한다. 우리도 이와 비슷한 방식으로 생활하며 일하고 있지 않은가.

자, 여기까지가 이론이다. 실제는 어떨까?

Chapter 3

모든 것을 단순화하라

6으로 생각하기

육각형 행동원칙을 적용하는 하나의 방법은 바로 어떠한 일을 여섯 단위로 생각하는 것이다. 당신이 하는 일을 여섯 개로 나누거나 또는 6의 약수를 활용해 하나, 둘, 세 개 나눠서 생각해 보자. 단순함을 유지하는 가장 좋은 방법은 얼마나 더 할 수 있는지가 아닌, 얼마나 덜 할 수 있는지를 생각하는 것이다. 그러면 작업 기억을 더 많이 확보할 수 있다.

또 다른 방법은 형상, 패턴, 프로세스를 명료하고 기하학적인 방식으로 생각하는 것이다. 육각형 행동원칙을 활용하면 자신의 자원이 무엇인지, 자신의 에너지를 가장 잘 활용할 방법과 절약할 방법, 창의성을 발휘할 방법 등을 자연으로부터 배워나갈 수 있다.

육각형 행동원칙을 머릿속 질문 매뉴얼처럼 활용하면 좋다. 일을 단순하게 유지하고 있는가? 업무, 문제, 생각, 느낌을 잘 나누고 정리해서 해야 하는 일의 단계를 파악할 수 있는가? 이런 질문의 답을 찾는 과정에서 단순함이 가진 여섯 가지 면들을 고려하면 도움이 된다. 이 여섯 면들은 당신이 쉬운 것과 어려운 것, 단순한 것과 복잡한 것 사이에서 균형을 잡아야 할 때 유용하다.

육각형 행동원칙은 삶이 예측 불가능하다는 사실을 전제한다. 동시에 우리가 통제력과 집중력을 유지할 수 있도록 설계된 원칙이다. 세상은 거대하고 혼란스럽지만, 그 안에도 일정한 패턴과 힘, 질서가 있다. 한번 믿어 보시라. 이 여섯 면은 당신의 힘을 유지시켜줄 필수 구성 요소가 되어줄 것이다.

여섯 가지 원칙

유클리드는 공리, 즉 명백한 의미를 갖는 진술에 근거해서 기하학 이론을 만들었다. 육각형 행동원칙도 각각 다음과 같이 여섯 개로 요약할 수 있다.

1. 명료함
명료하면 단순해진다

우왕좌왕하고 혼란스러운 것보다 더 최악인 것은 없다. 지연, 의사소통 실패, 불신을 초래하기 때문이다. 당신이 어떤 것에 대해 명료하게 이해하고 있고, 그 이해를 다른 이들과 공유하는 것은 모두를 이롭게 하는 일이다. 반면 명료하지 못할 경우에는 지식과 정보의 흐름에 치명적인 영향을 미친다. 명료함을 만드는 여섯 가지 핵심 요소는 의사결정, 주목, 목적, 습관, 경계, 관리이다. 나에게 명료함에 대해 가장 많이 말해주는 것은 바로 유기체의 생명을 이루는 주요 요소인 탄소가 만들어내는 육각형 구조이다.

2. 개성
내가 누구인지를 분명히 하다

디지털 시대에 우리는 인간과 기계의 경계를 명확히 해야 한다. 기계는 새롭게 만들어낸 기회만큼이나 엄청난 불안과 혼란을 초래하기 때문이다. 급변하는 세상에서 우리로 하여금 안정을 유지하게 해주는 여섯 가지 요소는 바로 정체성, 디지털 자아, 신경다양성, 창의성, 무결성, 그리고 장소에 대한 날카로운 감각이다. 개성을 상징하는 것은 바로 눈의 결정이다. 실제로 세상의 어떤 눈 결정도 똑같은 것은 없다.

3. 리셋
스위치를 끄고 제로 만들기

우리는 수면에 대해서는 잘 알고 있지만, 휴식하는 것과 리셋에 대해서는 잘 모르고 있는 듯하다. 전 세계를 휩쓸고 있는 스트레스라는 전염병의 원인 중 하나는 바로 '늘 연결되어 있는 상태'이다. 이 문제를 해결하기 위해 내가 제안하는 여섯 가지 방법은 해방, 마음 비우기, 호기심, 자연, 호흡, 재미이다. 리셋을 가장 잘 나타내는 육각형은 무엇일까? 바로 퀼트이다. 퀼트는 육각형을 패턴의 중심에 두는 아름다운 예술이자 공예 활동이다.

4. 지식
정보 비만에서 벗어나라

다이어트나 운동으로 신체적 건강을 관리하듯이 디지털 정보 비만 시대의 한가운데 살고 있는 우리는 사회적 건강을 관리해야 한다. 정보 비만을 방지하기 위한 여섯 가지 처방은 바로 신뢰, 지혜, 모르는 것을 아는 것, 배우기, 큐레이팅하기, 그리고 기억하기다. 이를 가장 잘 설명하는 상징물은 무엇일까? 아마 태양계의 여섯 번째 행성인 토성을 감싸고 있는 구름 패턴일 것이다.

5. 네트워크
작은 조직이 더 강력하다

네트워크는 자연에서나 기술에서나 모든 것의 토대가 된다. 네트워크에 대해 많이 알면 알수록 풍부한 네트워크를 더 잘 만들어낼 수 있다. 네트워크에 필요한 여섯 가지는 의사소통의 계층구조, 초개체, 직장 네트워크, 그리고 사회적 자본, 살롱, 사회적 숫자 6이다. 네트워크를 가장 잘 설명하는 상징물은 벌집이다. 벌집 안 방들의 네트워크는 전부 육각형으로 만들어져 있다. 그리고 벌집은 이 육각형 방들을 기반으로 번성해나간다.

6. 시간
시간의 통제권을 가져라

일정을 어떻게 채워 넣느냐는 무엇을 먹는지, 무엇을 마시는지만큼이나 중요한 문제다. 우리는 하루 평균 여섯 시간을 온라인에 접속해 있다.[1] 어떻게 하면 시간을 보다 현명하게 사용할 수 있을까? 시간을 효율적으로 사용하기 위한 여섯 가지 도구는 데드라인, 스케줄, 표준시간대, 중단, 체내 시계, 그리고 과거와 현재이다. 시간을 표현하는 육각형은 비눗방울이다. 많은 비눗방울이 서로 접촉할 때 신기하게도 육각형의 벌집 패턴을 만들어내는 것을 볼 수 있다. 육각형은 가장 효율적인 형태이기 때문이다. 나는 이러한 현상이 바로 우리 인간들이 자연스럽게

인생에서 중요한 6가지만 기억하라

어질러져 있던 상태에서 삶의 질서와 효율을 찾아 나가는 과정과 비슷하다고 본다.[2]

Part
2

인생에서
중요한 6가지만
기억하라

Chapter 4

명료함

명 료 하 면 심 플 해 진 다

1972년 조니 내쉬가 발표한 노래 〈I Can See Clearly Now〉는 당시 세계적으로 엄청난 히트를 쳤고, 이후에도 라디오를 틀면 자주 흘러나오는 사랑받는 곡이 되었다. 조니 내쉬는 이 노래에서 먹구름에 가려진 장애물을 자신만의 방식으로 바라보는 것에 대해 이야기하며, 곧 밝은 해가 비출 것이라는 긍정적인 메시지를 전한다. 조니 내쉬가 말하는 것처럼 나도 이제는 어려운 상황에 부딪혔을 때 이를 극복하기 위한 가장 좋은 방법은 장애물을 직면하고 다른 것들과의 관계를 분명하게 이해하는 일이라는 것을 안다.

명료함은 단순하기 위한 필수 요소이다. 명료함이 없으면 혼란을 느끼고, 느려지고, 머뭇거리게 된다. 여기 명료함을 위한 여섯 가지 요소를 담았다. 이 여섯 요소들은 명확한 관점과 심플한 루트를 갖게 해줄 것이다.

- **결정** 머뭇거림은 불필요한 복잡성을 발생시킨다.
- **주의 집중** 디지털 주의산만이 사회적 건강을 해친다.
- **습관** 선택지를 좁히고 일정한 패턴을 만든다.
- **목적** 생산성은 목적과 의미에서 나온다.
- **경계** 한계를 설정하는 것이 매우 중요하다.
- **살림** 정리의 기쁨을 발견하자.

결정

> 더 이상의 시간은 낭비다. 이제 결정하면 된다.[1]
>
> 세스 고딘Seth Godin

결정 나무

벌어진 상황을 제대로 이해하지 못할 때 우리는 혼란스럽고, 이러한 상황이 이어지면 스트레스와 불안이 따라오기 마련

이다. 또한 우리는 너무나 많은 선택을 해야 해서 아무 결정도 할 수 없을 때가 있다.[2]

나는 많은 사람의 문제인 우유부단함에 대해서, 그리고 그것이 우리의 길을 어떻게 가로막는지에 대해 이야기하고자 한다. 실제로 우리는 무수히 많은 결정을 하며 살아간다. 평균적으로 뇌가 단 하루 동안 어디로 갈지, 무엇을 먹을지, 무엇을 할지 등 무려 3만 5천 개의 결정을 한다고 한다.[3] 내가 만나는 많은 이들이 결정 더미 속에 파묻혀 있는 느낌을 받고 있으며, 할 수만 있다면 결정하는 것을 회피하고 싶다고 했다. 즉, 결정하는 일에 질려 있다는 말이다. 당신도 그런가? 제발 아니기를 바란다.

뭔가를 빠르고 확고하게 결정하는 것은 명료함의 신호이자 주체적이라는 증거이다. 당신이 뭔가를 결정할 수 있다면, 그것만으로도 당신은 능동적이다. 결정은 어딘가에 멈춰 있을 것인지 새로운 곳을 향해 나아갈지를 보여준다.

결정은 나무에서 열매가 맺히고, 익고, 수확하는 과정과도 같다. 결정으로 이끄는 프로세스는 날씨, 토양, 작물의 종 등과 같이 여러 다양한 요소가 연결되어 있고 복합적이다. 다시 말해서 수많은 변수가 존재한다는 것이다. 단순해지는 과정은 이 변수들을 다루는 과정과 같다. 결정은 행위의 주체를 제삼자에서 자신으로 옮기는 일부터 시작한다. 당신이 그 결정의 책임을 지는 것이고, 결정 이후의 일들을 당신이 리드하는 것이다. 당신이 주인공이다.

선택의 횡포

결정이 쉽다거나 빨라야 한다는 뜻은 아니다. 하지만 결정하는 일은 명료함을 얻는 데 주춧돌이 된다는 점을 알아야 한다. 심리학에서는 결정하지 못하는 상태에 오랫동안 머물러 있는 것을 '의사결정장애aboulomania'라고 부른다. 의사결정장애는 부정적 감정과 스트레스, 불안 등과 관련이 있다. 신경과학자 데이비드 이글먼David Eagleman은 그의 저서 『더 브레인The Brain』에서 우리가 뭔가를 결정하기 전에 있을 법한 미래를 상상하면서 머릿속에서 얼마나 많은 시나리오를 만들어내는지 지적했다.[4]

기업은 마치 자신의 제품이 어떠한 한계를 넘어서는 것처럼 말한다. TV나 인터넷 광고를 보면 수많은 브랜드의 신제품들이 실제 소비자들이 사용할 수 있는 기능보다 훨씬 더 많은 기능을 단 채 소비자들을 현혹시킨다.

포스트잇은 머릿속에 떠오른 아이디어를 간편하게 기록하는 단순성을 강조한다. 포스트잇을 사용하면 책을 읽다가 생각난 것을 지금 바로 기록할 수 있다는 것이다. 그런데 아마존 사이트에 포스트잇을 검색하면 수많은 브랜드뿐만 아니라 한 브랜드에서 내놓은 서로 다른 종류까지 포스트잇 목록만 20페이지가 넘게 나온다. 겨우 제품 하나를 골라 들어가면 또 익숙한 게 보인다. '다른 구매 옵션'이다. 포스트잇 하나를 사기 위해 수많은 의사결정을 해야 하는 것이다.

의사결정의 피로감

실제로 사람들은 다양한 선택지보다 심플한 선택지를 좋아한다는 증거가 많다(마케터들에겐 유감이지만). 캘리포니아에서 진행한 유명한 실험이 있다. 한 슈퍼마켓 진열대에 잼을 6개 올려두었을 때는 구매율이 30퍼센트였고, 24개를 올려 두었을 때는 3퍼센트밖에 되지 않았다. 즉, 선택지가 많을수록 좋다는 이론은 심리 실험 결과로 보면 사실이 아닌 것이다.

많은 결정을 내려야 하는 위치라면 선택지를 제한하는 게 나을 수도 있다. 버락 오바마 미국 전 대통령은 자신이 양복과 셔츠를 고를 때 선택의 폭을 제한한다고 말하면서, '의사결정의 피로감'이라는 개념을 대중에게 알렸다. 오바마 전 대통령은 2012년《베니티 페어》와의 인터뷰에서 이렇게 말했다.

"저는 결정할 거리를 줄이려고 노력하고 있습니다. 무엇을 먹고 무엇을 입을지에 대한 결정은 하고 싶지 않더군요. 다른 결정할 문제들이 너무나 많기 때문입니다."[5]

결정의 피로감은 다른 데서도 발생한다. 소셜 미디어에서 스크롤을 할 때, 문서들을 파일링할 때, 꽉 찬 옷장에서 입을 옷을 고를 때 등 모두 같은 맥락이다. 오늘날의 삶에서 우리가 가지고 있는 물리적 대상과 가상의 대상이 만들어내는 끝없는 잡동사니를 그저 나열하기만 해도 벌써 지친다.

복잡하게 돌아가는 인생에서 인간은 선택의 폭을 제한하고 에너지를 보존하기를 원한다. 이러한 점은 정치판에서 왜 많은 사람들이 복잡한 메시지보다 심플한 메시지에 더 끌리는지를 설명해준다. 영국이 유럽연합에서 나오려고 했던 브렉시트를 보자. 2016년 브렉시트를 결정하는 국민투표가 열렸을 때 안건은 상당히 간단했다. 떠나느냐, 남느냐. 투표에서는 "통제권을 되찾자"라는 매우 간단한 메시지가 승리를 거뒀다. 선거에서 진 정치인들은 이후 이렇게 말했다.

"우리는 사람들이 듣고 싶어 하는 것을 정확하게 알지 못했다."[6]

결정을 회피하거나 오지도 않은 미래를 걱정하는 데는 수많은 이유가 있다. '혹시?'라는 질문을 생각해보자. 이 질문은 어떤 결정을 내려야 할지 확신이 서지 않을 때마다 머릿속에 울리는 알람과도 같다. 혹시 내가 실패한다면? 혹시 내가 우스워 보인다면? 혹시 이 결정이 역효과를 낳는다면? 이러한 우려가 물론 현실이 될 수도 있다. 하지만 망설이기만 하다가는 다른 문제가 생겨 더 많은 해결책을 생각해야 할 수도 있다. 일어나지도 않은 일을 상상하기 바빠서 현재의 문제는 해결하지도 못하는 것이다.

그럴 땐 결정을 내리고 곧바로 행동에 옮기자. 다이빙 보드에서 물속으로 뛰어들 때나 과실을 딸 때처럼 결정하는 그 순간에는 엄청난 해방감을 느낄 수 있다. 결정이 너무 어렵거나 그것이 불확실성을 초래할 것 같더라도 일단 뭔가를 하겠다고 용기를 내는 것만으로도 해방감을 느낄 수 있다. 결정을 하지 못하면 많은 경우에 복잡함을 더 키우는 반면, 결정을 하면 확실히 단순해지는 것을 느낄 수 있다.

문제 앞에 앉기

결정이 지연되는 건 결과적으로 추가적인 일과 추가적인 스트레스를 생성한다. 특히 당신이 조직의 리더이거나 많은 사람을 이끄는 위치에 있다면 결정이 지연되는 일은 더욱 복잡성을 증가시킨다.

어떤 시점에서 결정을 내리지 못하는 건 마치 잘 익은 열매를 그냥 두는 것과 같다. 그러면 두 가지 결과가 발생한다. 다른 누군가가 그 열매를 홀랑 따가거나, 아무도 안 따서 썩어 버리거나. 두 경우 모두 시간 낭비를 한 셈이고, 전자의 경우에는 배까지 아프다.

의사결정을 내리는 시간은 결국 당신의 생각이 얼마나 명료한가를 나타내는 지표다. 온라인 마케팅은 이 점을 잘 이용한다. 호텔 예약 사이트를 보면 사람들이 초 단위로 결정을 내린다. 혹시 지금이 결정을 내려야 되는 시점인지 잘 모르겠다면, 숫자 6을 생각해보면 좋겠다. 딱 6분간만 결정할 문제를 앞에 두고 앉아보자. 그리고 아주 집중해서 바라보자. 결정을 내려야 될 때인가? 나를 망설이게 하는 건 무엇인가? 그러고 나서 다시 돌아와 결정하면 된다.

여기서 팁을 하나 주자면, 시야를 좁히는 것이 도움이 된다. '이 결정의 결과가 미치는 범위는 넓고 영향력은 엄청날 것이다'라고 생각하는 대신에 '이 결정을 내리더라고 바뀌는 것은 제한되어 있으며, 이후 상황은 그때 다시 결정하면 돼'라고 생각하는 것이다. 다시 말해, 결정 자체가 불안을 유발한다면 그 사실을 인정하고 작은 행동부터 시작하면 좋다. 비교적 소소한 결정이라면 스스로에게 6분 또는 6시간이라는 시간을 주고, 조금 중요한 결정이라면 6일의 시간을 주자. 중요한 건, 이 시간 동안은 정말 그 결정이 무엇인지, 그리고 본인이 어떻게 느끼는지에 집중해야 한다. 그러고 나서 열매를 따자. 꽤 달콤할 것이다!

주 의 집 중

퍼빙 현상

스마트폰 화면에서 눈을 떼지 않은 채로 다른 사람에게 "응" 하고 대답한 적이 있는가? 그렇다면 당신도 옆 사람을 무시하는 퍼빙*을 한 것이다. 어쩌면 당신도 하루에 80번씩, 즉 대략 12분에 한 번씩 스마트폰을 들었다 놨다 하는 사람들 중 한 명일 수 있다(사실 나도 포함된다). 이 횟수는 영국 방송통신 규제기관인 오프콤Ofcom에서 발표한 추정치다.[7] 일부 연구는 선진국의 경우 사람들이 평균 하루 4시간씩 스마트폰을 사용한다고 밝혔다. 그렇다. 네 시간은 무려 하루의 6분의 1이고, 깨어 있는 시간으로 치면 대략 4분의 1이다.[8]

하지만 너무 잦은 사용을 비판하기에는 이제 스마트폰은 우리 삶에서 의사소통과 정보 교환의 수단이자 업무 필수품으로 자리 잡았다. 손바닥 크기밖에 안 되는 스마트폰이 컴퓨터 한 대의 역할을 하고 있는 것이다.

그러니 스마트폰을 사용할 이유는 충분하다. 문제는 시간과 주의 집중이다. 디지털에 의존하는 시간, 당신이 이메일, 뉴스피드, 소셜 미디어를 보느라 고개를 숙이는 동안 당신의 주의력은

---

* Phubbing, 전화기(Phone)와 무시라는 뜻의 스너빙(Snubbing)의 합성어다. ―옮긴이

당신이 띄워놓은 창만큼이나 여러 갈래로 나뉘고 있다. 결코 좋은 현상은 아니다.

무한 스크롤

마이크로소프트사는 사용자가 인터넷 페이지를 아래로 스크롤할 때 콘텐츠를 지속해서 로딩하여 페이지가 끝나지 않는 기술인 '무한 스크롤'을 만들어냈다. 이를 만든 똑똑한 웹디자이너는 이것이 야기하는 문제는 예상하지 못했을 것이다. 사람의 뇌는 집중할 대상이 너무 많거나 자주 바뀌면 과부하에 걸린다. 스웨덴 카롤린스카연구소의 인지신경과학자 토르켈 클링베르그는 자신의 저서 『넘치는 뇌The Overflowing Brain』에서 우리 뇌에는 끊임없이 주의를 집중하고 일을 처리할 무한한 능력은 탑재되어 있지 않다고 말했다. 이것은 1950년대 프린스턴대 심리학자 조지 밀러George Miller가 주장한 인간의 뇌가 동시에 기억할 수 있는 가짓수는 최대 7개라는 결론과도 동일하다.

그런데 우리가 살아가는 데 있어 주의 집중은 매우 중요한 역할을 한다. 주의 집중은 중요한 것과 그렇지 않은 것을 구분할 때, 하는 일에 따라 우선순위를 정할 때, 중요한 결정을 내리기 전 과거의 시행착오를 활용할 때, 그리고 정보를 습득할 때 사용된다. 따라서 주의를 기울이는 일에 실패하면 실수로 이어질 가능성이 크다.

인생에서 중요한 6가지만 기억하라

스탠퍼드대학교의 클리퍼드 나스Clifford Nass 교수는 주의 집중과 멀티태스킹에 대한 연구 결과를 발표하면서 멀티태스킹의 허상을 꼬집었다. 그가 진행한 실험 결과를 보면 멀티태스킹을 많이 하는 집단은 그렇지 않은 집단에 비해 주의력이 산만하고 사소한 것들에서 중요한 정보를 식별해내는 능력이 크게 떨어진 것으로 나타났다. 연구자들은 애초 멀티태스킹의 장점이 더 많을 것이라 예상했지만 결과는 그 반대였던 것이다.

복잡함에 현혹되거나 주의가 분산되면 여러 의도치 않은 결과가 발생한다. 거리로 나가 보면 헤드폰을 낀 채로 걷다가 바로 옆에 차가 스치듯이 지나가는데도 모르는 사람들을 볼 수 있다. 주의를 기울이지 않은 것이다. 좀 더 시야를 확장해보면 다른 문제도 있다. 2008년 글로벌 금융 위기를 떠올려 보자. 영화 〈빅 쇼트〉는 이해되지 않는 복잡성에 정신이 팔려서 금융 위기를 향해 돌진하는 미 정부와 월스트리트 금융회사들의 이야기를 다뤘다. 영화에서 한 등장인물이 이런 말을 한다.

"아무도 주의를 기울이지 않아. 마치 2 더하기 2가 물고기라고 해도 될 정도야."*

복잡함이 정상이 될 때, 그리고 내가 하는 모든 일이 필요 이상으로 복잡해질 때, 우린 집중하기를 포기한다. 그러다 잘못

---

* 숫자 2 두 개를 가로로 서로 다른 방향으로 포개면 물고기 모양이 된다. ─옮긴이

된 가정을 하게 된다. 2 더하기 2가 물고기라는 말에 수긍하는 것이다.

23분 15초

뇌가 산만해지면 두 가지 현상이 발생한다. 첫 번째는 뇌가 주의력을 잃어가면서 느려져 시간을 낭비하게 된다. 캘리포니아대학교의 글로리아 마크와 동료들은 주의가 산만해지면 다시 집중하는 데 23분 15초가 걸린다는 사실을 밝혀냈다.[9] 메일 두 개만 열어 보아도 다시 일하던 흐름으로 돌아오려면 대략 한 시간이 걸릴 수 있다.

뇌가 산만해지면 발생하는 두 번째 현상은 감정적인 영향이다. 인간의 신경계는 스트레스를 받으면, 일명 스트레스 호르몬인 코르티솔을 분비하는데[10] 이것이 과다 분비되면 대뇌 피질에 영향을 미친다. 대뇌 피질에서는 사람의 기억과 사고를 다루고 조직화하는 역할을 하는데, 여기에 과한 자극이 주어지면 불안을 유발한다.

감정적 과부하는 사람마다 정도의 차이는 있지만 주로 공황, 압박감 등을 일으키며, 정신적 셧다운으로 이어질 수도 있다. 이러한 반응들은 우리가 무엇인가를 명료하게 생각하지 못하도록 방해하는 것은 물론이고, 나중에는 참담한 기분이 들게 만든다.

인생에서 중요한 6가지만 기억하라

불안이 증폭되는 이유

소셜 미디어는 인간이 얼마나 연결되기를 갈망하는지, 또 동시에 얼마나 큰 고립감을 느끼는지를 여실히 보여준다. 예를 들어 페이스북의 특정 그룹에서 감정적으로 기댈 곳을 찾은 사람들이 있는가 하면, 그곳에서 더 외로움을 느끼는 사람들도 있다.

《미국 예방 의학저널American Journal of Preventive medicine》에서 발표한 미국 젊은이들에 관한 연구에 따르면, 하루에 두 시간 이상 소셜 미디어를 사용하는 사람일수록 그렇지 않은 사람에 비해 외로움을 두 배 정도 더 느낀다고 한다. 연결된 느낌이 아니라 외로움을 말이다.[11] 영국 왕립 공중보건협회에서 발표한 연구에서는 더 혼합된 결과를 보여주었다.[12] 이 연구에서는 소셜 미디어의 잠재적인 부정적 효과를 아홉 가지, 긍정적 효과를 열세 가지로 나열했지만, 실제로 젊은 성인에게 물어본 결과, 다섯 명 중 네 명꼴로 소셜 미디어 사용이 전반적으로 본인의 불안을 증폭시켰다고 답했다.

자신이 소셜 미디어에 얼마의 시간을 쓰는지 인지하는 일은 자신의 상황을 판단하고 어떻게 균형을 유지할 것인지 생각하기에 좋은 출발점이 된다. 온라인 상태는 사회적 공유와 소통에 참여하는 상태일 수도 있지만, 자신의 반쪽 모습 또는 다른 사람의 모습으로 활동하는 상태일 수도 있다. 다음의 질문을 자신에게 해보자. 누군가와 직접 만나서 이야기한 건 언제인가? 내가 지금 온라인으로 소통하고 있는 사람이 친구인가, 모르는 사람인가, 아니면 그 사이의 누구인가?

우리는 주의 집중을 유지하기 위해 노력하는데 주의 집중을 잃어버리면 그것으로 끝나는 게 아니라 스트레스가 따라온다. 기술이 초래한 복잡성의 증대와 스트레스의 증가 간에는 직접적인 연관 관계가 있다. 과부하는 사회적 과적이고, 과부하가 일어나면 명료함이 필요한 상황에서 올바로 대처하지 못한다. 스트레스를 줄이고 다시 주의를 집중하려면 무엇을 해야 할까?

가장 먼저 해야 할 것은 주의 집중의 가치를 인식하는 일이다. 주의 집중을 눈에 보이지 않는 추상적인 대상이 아니라 물리적 대상으로 생각해보길 바란다. 예를 들어 무슨 일을 하거나 어떤 일에서 다음 일로 넘어갈 때(노트북 작업을 하다가 미팅에 가는 등) 주의 집중을 유한한 자원으로 생각하고 그 양을 정하는 것이다.

다시 집중력을 끌어올리기 위한 가장 좋은 방법은 대상을 분명하게 바라보는 것이다. 하지만 그렇게 하기 위해서는 먼저 새로운 습관을 형성하는 것이 필요하다.

습관

일정한 루틴의 힘

습관이라는 단어는 일본어로는 슈칸shuu-kan, 스페인어로는 라 코스툼브리la costumbre, 프랑스어로는 래비튜드l'habitude, 중국어로는 시관xiguan, 독일어로는 디 게본하이트die Gewohnheit, 아랍어로는 아으다aead이다. 이 여섯 개 단어의 의미는 모두 똑같다. 오랫동안 되풀이하는 것, 실천하는 것, 일상과 밀접한 관련이 있는 것 등이다.

습관은 단순화에 중요한 역할을 한다. 선택지를 좁히고, 패턴을 형성하며, 산만함을 줄이기 때문이다. 하루를 빈 종이 한 장이라고 생각한다면 형식이나 제약에 얽매이지 않아도 된다는 자유로움을 느낄 수 있다. 하지만 어떠한 질서도 없이 자유롭기만 한 삶에서 구체적인 인생의 동기를 설정하고 유지하기는 힘들다.

일정한 루틴이나 습관을 갖는 것이 정신을 건강하게 유지하는 데에 도움이 된다는 많은 연구 결과가 있다.[13] 습관은 취미처럼 즐길 수 있지만, 취미와는 다르다. 취미는 일과 관련된 스위치를 끄고 여가시간을 보내며 자신이 좋아하는 관심거리에 빠지는 행위이다. 반면에 습관은 자신을 위해 전반적인 체력을 길러내는 것이다. 반복하는 어떠한 행동이 불필요한 것을 걸어내고 더욱 중요한 것에 집중하기 위함임을 인지하고 실천하는 것이다.

66일 습관

현재까지 출간된 자기계발서 가운데 가장 많은 사람들에게 영향을 준 책은 스티븐 코비Stephen R. Covey의 『성공하는 사람들의 7가지 습관』일 것이다.[14] 코비는 이 책에서 습관이야말로 지식(무엇, 왜)과 스킬(어떻게), 그리고 욕구(하고 싶은)가 한데 섞인 것이라고 말했다.

새로운 습관을 들이거나 오래된 습관을 바꾸는 일은 한순간에 일어나지 않는다. 습관을 만드는 데는 시간과 연습이 필요하다. 실제로 영국에서 발표된 최근 연구 결과는 하나의 습관을 완전히 없애고 새로운 습관을 만드는 데 66일이 걸린다고 밝혔다.[15] 어쩌면 66일은 매우 긴 시간처럼 느껴질지 모른다. 그렇지만 이 시간을 견뎌서라도 하나의 습관을 버리거나 익히는 건 매우 유익한 일이다.

일반적으로 습관은 자신도 모르게 형성된다. 좋은 습관이든 나쁜 습관이든, 어느 순간 일상의 규칙적인 행동으로 자리 잡은 습관을 발견할 때가 있다. 저명한 사회철학자 찰스 핸디Charles Handy에게는 매일 아침 40분간 동네 공원을 걸으며 머리를 비우고 하루를 준비하는 습관이 있었다. 그는 평생 이 습관을 유지하다가 80대에 뇌졸중이 찾아오면서 멈췄다고 한다. 런던 남서부 퍼트니에 있는 자신의 집 거실에서 창밖을 바라보며 찰스는 이제 자신의 새로운 습관은 '정신적 산책'이라고 말했다. 뇌졸중으로 손상을 입은 인지 기능을 강화하기 위한 습관이다. 그는 습관을 자신의 상황에 맞게 변형했다. 매우 실용적이면서도 그리 어렵지 않게 말이다.

우리는 의사결정을 통해 새로운 습관을 만들거나 오래된 습관을 바꿀 수 있다. 새로운 습관은 변화의 분명한 신호이자 낡은 과거에서 새로운 삶으로의 출발을 알려주는 신호다. 새로운 습관은 새로 태어나는 기분을 느끼게 해준다는 걸 기억하자.

테크노 샤밧

사람들은 이제 디지털 휴일이라는 개념에 익숙하다. 나는 나의 디지털 휴일을 테크노 샤밧*이라고 부른다. 금요일 저녁 6시부터 나는 쌓인 메일함을 정리하고 가족들과 함께하는 나만의 오프라인 라이프를 시작한다. 이건 내가 만들어낸 일종의 관습과도 같다. 이 루틴에서 벗어나서 나만의 흐름이 깨어지면 왠지 모를 불안감이 느껴진다. 나는 종교는 없지만 어느 정도의 일상적 루틴을 바탕으로 한 규칙적인 의식이 필요하다는 걸 배

---

* 샤밧은 6일의 노동이 끝난 뒤 찾아오는 유대교의 휴일을 뜻하는 히브리어이다. —옮긴이

왔다. 하지만 그러기 위해서는 연습과 반복이 필요하다. 새로운 습관을 만들기 위해 66일의 시간이 필요할지도 모른다. 하지만 그렇더라도 그만한 가치가 있다는 걸 알고 있다.

최소한의 의지

다이어트를 해본 사람이라면 누구나 의지력을 시험하는 무수한 유혹을 경험해보았을 것이다. 기업은 좀 더 쉽고 효과적인 다이어트 제품과 방법을 연구하지만, 다이어트에 실패하는 건 여전히 놀라울 정도로 쉽다. 무엇이 잘못된 걸까?

1998년에 초콜릿 쿠키와 무를 가지고 한 유명한 실험에서 심리학자 로이 바우마이스터Roy Baumeister는 사람들에게 계속해서 갈망과 욕망을 억누르라고 요구할 경우, 마치 자동차 기름이 바닥나듯 얼마 지나지 않아 의지력이 바닥난다고 주장했다.[16] 이 연구는 나중에 스탠퍼드대학교 심리학자 캐럴 드웩Carol Dwek이 이어갔는데, 드웩은 우리가 의지력이 바닥나고 있다고 가정하면 정말로 바닥난 것처럼 머리에서 느낀다고 말했다.[17] 의지력은 우리에게 강력한 영향을 미치며, 나는 이러한 의지력으로 우리의 행동방식을 바꿀 수 있다고 생각한다.

이 연구들은 우리가 어떻게 유혹을 이기고, 어떻게 행동을 변화시킬지에 대해 생각하는 방식을 바꿔놓았다. 행동 변화를 다루는 전문가이자 '넛지 이론'을 창시한 리처드 탈러Richard H.

Thaler가 시카고대 부스경영대학원에서 진행한 캐슈너트 실험에서도 이 연구들과 같은 결론이 나왔다.[18] 캐슈너트 먹기를 멈추고 싶으면 어떻게 해야 할까? 결론은 간단하다. 그냥 캐슈너트 그릇을 치워버리면 된다. 이러한 연구들은 모두 의지력에 대해 다루지만, 그 안에서도 단순함의 가치를 찾을 수 있다. 어떤 전문가도 캐슈너트를 왜 먹고 싶은지 생각해보라고 하진 않는다. 안 먹기로 결정했다면, 단순하게 안 먹으면 된다. 우리가 의지력에 대해 알고 있는 신경과학을 받아들이고, 백래시를 최소화하는 것이다.

의지와 습관 사이의 연결이 중요하다. 무언가를 시작하는 데 드는 의지력을 최소화하면 새로운 습관을 더 쉽게 형성해나갈 수 있다. 예를 들면 이렇다. 내 경우, 체육복을 가방에 싸두었더니 체육관에 가는 빈도가 늘었다. 집에서 요가와 간단한 근력 운동을 하려고 할 때도 마찬가지다. 매트와 웨이트 도구를 활용해 공간을 먼저 만들고 나니, 운동을 시작하는 데 드는 에너지를 아낄 수 있었다. 최종적 행동을 하기 위한 과정에 가방 싸기, 자리 만들기 등의 에너지가 들지 않기 때문에 내면의 고군분투가 사라지는 것이다. 이는 큰 차이를 만든다. 여유를 갖지 못하는 것과 습관을 만들어버리는 것의 차이 말이다.

작가이자 방송인인 팀 페리스Tim Ferris도 이런 사실을 잘 알고 있다. 그가 쓴 베스트셀러 『포 아워 바디The 4 Hour Body』는 (나를 포함해서) 평생 다이어트와 요요 현상 사이를 왔다 갔다 하는 수십만 사람들에게 깨달음을 주었다. 이 책에서 그는 우리가 무엇을 언제 먹을지 선택하는 것 자체가 복잡하므로 6일 동안 결정의 폭을 제한하며 지내다가 7일째 되는 날을 치팅 데이*로 정하면 식생활이 훨씬 심플해질 것이라고 제안한다.[19] 정말 맞는 말이다. 이는 선택을 제한해놓음으로써 의지력 문제를 해결한다. 다른 다이어트 방법들은 보통 끝이 없거나 뷔페에서 절제력을 유지하는 해내기 어려운 능력을 강조하곤 하는데 말이다.

비우기 패턴

습관을 바꾸려면 먼저 생각을 조절해야 한다. 자신의 본능이나 행동에 대해 부정적으로 생각하거나 자책할 필요는 없다. 새로운 습관을 향해 가는 것 자체를 긍정적으로 생각하는 것이 좋다. 새로운 습관, 새롭게 얻은 명료함, 새롭게 내린 결정, 주의집중을 하는 새로운 방법 등을 먼저 환영하겠다고 마음먹는다면 하는 일이 덜 훨씬 더 단순해질 것이다.

• '속인다'라는 뜻의 'Cheating'과 'Day'의 합성어로, 1~2주에 한 번 정도 먹고 싶었던 음식을 먹는 날을 뜻하는 말이다. ─옮긴이

목적

아침에 당신을 일으키는 것은?

'목적'이라는 명사의 사전적 정의는 '무언가를 실현하고자 하는 이유나 나아가는 방향'이다. 여기서 '무언가'의 의미를 생각해보면, 이는 어떤 행동이나 노력의 대상이 되는 결과, 또는 아이디어를 말한다. 당신은 어떠한 목적을 가지고 있는가? 그렇다면 그 목적을 통해 인생이 단순해졌으며, 이를 향해 계속 나아가고 있는가? 진정한 목적을 가지고 있다면 그럴 것이라 믿는다.

목적을 가지면 에너지가 생긴다. 레이첼의 경우를 보자. 레이첼은 40대 미혼모로 런던 내 낡은 국영 시설에서 두 딸과 함께 함께 살고 있었다. 어느 날, 레이첼은 딸의 방 창문 바로 앞 복도에서 매일 밤마다 십 대 남자아이들이 무리 지어서 대마초를 피운다는 사실을 알게 되었다. 대마초 연기는 창문을 통해 딸의 방에까지 스며들어 오고 있었다. 레이첼은 이 아이들이 계속 문제를 일으킬 것이라고 생각했다. 이에 그녀는 문제를 명료하게 바라보았다. 그러곤 행동하기로 결심했다. 목적을 갖게 된 것이다. 레이첼은 단순히 그 아이들을 쫓아내는 것이 아니라 삶의 방향을 옮길 수 있도록 하고자 했다.

청소년 대마초 흡연과 같은 사회적 문제를 해결하기 위해 정치인, 사회학자, 심리학자와 같은 다양한 전문가들이 의견을 모으며 고군분투하고 있다. 하지만 레이첼은 이 문제를 심플하게 생각했다. 그녀는 지역사회센터와 지원금의 출처를 파악하고 이 둘을 연결했다. 이것이 쉬워 보이는가? 그렇지 않다. 레이첼도 걱정을 했을까? 그랬을 것이다. 그럼에도 계속 이어나갔는가? 그렇다. 결과적으로 그녀는 런던에서 가장 성공적인 뿔뿌리 단체 중 하나인 런던 빌리지 네트워크를 만들어 방황하는 청소년들을 돕는 일을 해오고 있다.

레이첼은 목적을 가지고 있었고, 그 목적을 심플하고 명료하게 품고 갔다. 그러면서 레이첼은 그동안 깨닫지 못했던 것을 알아가기 시작했다. 레이첼의 친구 중 한 명은 과거에 비행 청소년들과 무리 생활을 하다가 심각한 문제를 겪었다. 그 친구는 결국 감옥에 갔고, 석방 후에도 수년간 어려운 생활을 이어가다가 사망했다. 레이첼이 소외된 청소년을 위한 네트워크를 조직한 데에는 개인적인 경험도 영향을 미쳤던 것이다. 즉, 레이첼은 자녀들과 청소년들뿐 아니라 친구를 위해서도 그 일을 진행한 것이다.

목적 실현하기

매기 오케인Maggie O'Kane은 다수의 저널리스트상(해외 특파원상, 국제 앰네스티에서 지정한 올해의 특파원상, 유럽 기자상, 아일랜드 적십자 인도주의 기자상)을 수상한 저널리스트로, 《가디언》에 칼럼을 기고하기도 했다.

리포터로서 활동할 때 매기는 소녀들을 대상으로 행해지는 엄청난 범죄에 대해 알게 되었다. 세계 곳곳에서 11초에 한 번씩 어린 여자아이들을 대상으로 할례가 자행되고 있었다. 여성 할례는 종교적 이유라는 잘못된 믿음으로 다수의 문화 또는 국가에서 행해지고 있다. 매기는 여성 할례에 대해 광범위한 조사를 벌였고, 신문사를 통해 캠페인을 시작했다. 바로 '여성 할례를 종식시키기 위한 글로벌 미디어 캠페인'이었다. 매기는 저널 분야에서 30년 가까이 경력을 쌓았지만 이를 그만두고 하나의 단순한 목적을 위한 프로젝트를 진행했다. 그 목적은 아프리카에 있는 가능한 한 많은 사람에게 여성 할례가 필요 없는 행위라는 사실을 알리고 어떻게 멈춰야 할지 알려주는 것이었다. 그 결과 매기는 현재까지 아프리카에서 8억 명이 넘는 사람들에게 자신의 메시지를 전했다.

글로벌 미디어 캠페인이 운영되는 방식은 육각형 행동원칙과 비슷하다. 여기에는 세 가지 우선순위가 있다. 첫 번째, 아프리카 전역의 활동가, 종교 지도자, 저널리스트를 훈련시켜 여성 할례를 종식시키기 위한 미디어 활동을 벌인다. 두 번째, 자선 단체가 소속 커뮤니티에서 각자의 방식대로 직접 방송할 수 있도록 지원한다. 세 번째, 라디오, 텔레비전, 소셜 미디어에서 가장 영향력 있는 종교 지도자와 정치 지도자를 초청해 여성 할례 문화의 종식을 호소하도록 한다.

매기를 만났을 때 현재 복잡한 세상에서 단순해질 수 있는 방법에 대해 책을 쓰고 있다고 이야기하자, 매기는 나에게 다음과 같이 말했다.

"여성 할례를 중지하는 건 정말로 간단해요. 하지만 자선단체 및 비정부기구의 구조와 시스템은 많은 경우에 관료적이고 복잡합니다. 또한 현장에서 활동하는 것보다는 기부자에게 보고하는 것에 중점을 두더라고요. 우리가 하는 일은 딱 세 가지예요. 한 번 훈련을 시킬 때 소수의 사람들만 훈련시켜요. 그리고 영향력을 미칠 수 있는 인물들을 한 공동체에 여섯 명이 넘지 않게 초청하죠. 그리고 캠페인을 진행하는 거예요."

많은 종교 지도자와 정치 지도자들은 이 캠페인이 미치는 영향력에 매우 놀랐고, 이들의 증언이 단순화 원칙의 효과를 입증했다. 말리의 이슬람과 인구 네트워크Islam and Population Network의 회장 이맘 트라오레Imam Traore는 감탄하며 말했다.

"그녀는 우리가 25년간 했던 일보다 더 많은 일을 9개월 만에 해냈습니다."

하버드대 아프리카 및 아메리카 연구소 소속의 허친스 센터에 있는 토브 러바인Tobe Levin 박사는 이렇게 말했다.

"글로벌 미디어 캠페인이 한 일은 내가 이제까지 봐온 어떤 반여성할례 캠페인보다 효과적입니다."

생산성 수수께끼

이제 생산성에 대해 생각해보자. 보통 기술이 발전하면 생산성이 향상될 것이라 생각하는데, 그렇지 않은 경우가 많다. 그 이유는 생산성을 저해하는 알 수 없는 문제가 존재하기 때문이다. 경제학자들은 이를 '생산성 수수께끼'라고 부른다.

아무리 기술이 발전하더라도 자신이 하고 있는 일과 그 일을 맡긴 사람에 대한 신뢰가 없다면 생산성을 확보하기 어렵다. 또한 비인간적인 기업 문화가 존재한다면 이로 인해 발생하는 스트레스는 업무 효율을 저해하고 생산성을 떨어뜨린다.

물론 생산성 수수께끼와 같은 문제를 겪지 않는 기업들도 있다. 인적자본 소프트웨어 매니지먼트사 크로노스를 한번 살펴보자. 크로노스는 미국 매사추세츠주에 본사를 두고, 인도에서 호주에 이르기까지 세계 곳곳에 직원 6,000명을 고용하고 있다. 크로노스의 최고경영자 애런 에인Aron Ain은 스스로를 "리더가 아닌 자"라고 부르며, 직원들이 스스로 휴일과 업무량을 정하도록 하는, 상당히 혁신적인 시스템을 정착시켰다. 크로노스의 매출은 매년 성장하고 있을 뿐 아니라 글래스도어 같은 직장 평가 사이트에서 가장 일하기 좋은 직장 상위권에 이름을 올리고 있다.[20]

또한 크로노스는 명료함으로 가는 다음 단계인 경계 정하기, 즉 목적성에 따라 한계를 정하는 모습을 보여주고 있다.

경 계

> 성공한 사람과 크게 성공한 사람 사이엔 차이가 있다. 크게 성공한 사람은 웬만한 것에는 "아니요"라고 한다.
>
> 워런 버핏Warren Buffet

거절하는 방법

많은 사람들이 "네"라고 대답하는 습관이 있는 듯하다. "네, 다 가질 수 있어요. 네, 다 할 수 있어요. 네, 성공할 수 있어요. 네, 살 수 있어요. 네, 성취할 수 있어요. 네! 네!"

물론 '네'도 중요하다. 하지만 우리의 집중력은 유한하다. 게다가 시간 자체도 유한하다. 하루는 24시간으로 한정되어 있고, 그중 3분의 1은 잠으로 채운다. 그러니 어떨 땐 "아니요"라고 말할 필요가 있고, 하고 싶은 것과 그렇지 않은 것 사이에 경계를 그어야 한다.

경계를 긋는 것은 단순함을 마스터한 사람들이 잘하는 일이다. 세계에서 가장 부유한 사람이자 가장 현명한 투자자인 워런 버핏을 보자. 워런 버핏이 세운 투자회사 버크셔 해서웨이는 본사 직원을 단 24명 정도만 고용함으로써 단순함을 유지한다(그러나 그의 회사가 투자하는 회사는 40만 개가 넘는다). 이처럼 단순한 구조로 폭발적인 성과를 내는 워런 버핏의 좌우명 중 하나는 '"아니요"라고 말하는 것이 "네"라고 말하는 것보다 힘이 세다'이다.

미니멀리즘의 의미

워런 버핏을 비롯한 성공한 사람들은 자신이 하는 일을 한정하는 것, 그리고 한정된 것에만 "예스"라고 말하기를 좋아한다. 이들의 경계는 심플하고 명료하다. 마치 미니멀리즘 같다. 워런 버핏은 파레토의 법칙으로 알려진 80대 20 법칙의 신봉자다. 80대 20 법칙은 전체 노력의 20퍼센트가 전체 결과의 80퍼센트를 낸다는 법칙이다. 큰 변화를 일으키지 않는 대부분의 일에는 노력을 최소화하고, 큰 변화를 가져올 소수의 일에 집중한다는, 심플하면서도 효율적인 솔루션이다.

MIT 미디어랩 전 교수이자 세계적인 디자이너 존 마에다John

Maeda도 미니멀리즘의 장점을 강조했다. 그는 자신의 저서 『단순함의 법칙The Laws of Simplicity』에서 '분별력 있는 축소'는 오래된 격언인 '적을수록 더 낫다less is more'처럼 좋은 전략이라고 강조했다. 마에다는 이렇게 말했다.

"의심이 들면, 버려라. 단 뭘 버릴지는 신경 써라."[21]

나는 일상과 비즈니스에서 생겨난 과부하와 복잡성을 해결하기 위해 단순함을 찾아나선 때가 있었다. 그래서 만나는 사람들부터 하는 일까지 모든 것에 경계를 설정하기 시작했다. 단 내치는 경계가 아니라 포함하는 경계였다. 내가 "예스"라고 말할 일들, 우선순위를 둘 일들에 초점을 맞추되, 배제하는 작업은 하지 않았다. 나는 내가 가진 시간을 재정비했다. 특정 시간대에는 모든 전자기기의 전원을 끄고, 미팅을 제한했다. 결과는 매우 놀라웠다. 이렇게 경계를 설정하고 활동을 덜 하면서부터 생산성이 높아지는 게 느껴졌다. 또 정신적으로나 신체적으로 더 건강해졌으며, 가족과 친구들을 자주 만나게 되었고, 나 자신 역시 더 자주 돌아볼 수 있었다. 내가 워런 버핏 같은 부자는 아니지만 그의 심플한 방식만큼은 닮게 되었다.

경계를 더 잘 긋기 위해 자신의 내면에 있는 워런 버핏에 초점을 맞춰보자. 이메일에 파묻히기보다는 무언가를 생각하기

인생에서 중요한 6가지만 기억하라

에 더 좋은 시간이 있다. 내가 느끼는 것이 무엇이고, 나의 목적은 무엇인지, '예스'를 늘어나게 하는 나쁜 습관은 무엇인지 등의 질문을 던져보라.

하나씩 세기

경계를 설정하는 좋은 방법 중 하나는 경계를 측정해보는 것이다. 나는 평소에 몸무게를 잘 재지도 않고, 일지를 쓰지도 않는다. 이런 행동들은 오히려 시간을 낭비하게 하는 느낌이 든다. 그래서 걸음 수를 세는 워킹앱 같은 것은 필요하지 않다. 대신에 나는 측정의 형태 자체를 바꿔 생각해보았다. 그건 바로 선택, 결정, 의도, 목적을 내 것으로 만들기 위한 수단으로, 또 나의 우선순위가 무엇인지, 어떤 습관을 형성할지 도와주는 수단으로 측정을 사용하는 것이다. 우리가 우측통행을 해야 하는 것을 아는 것처럼, 측정을 유의미한 일종의 경계선으로 삼아 생각하기 시작했다.

측정은 복잡함을 줄이고 명료해지는 데 도움이 되어야 한다. 예를 들어 나는 기업 내 360도 평가 시스템에 대해 매우 비판적이다. 이 시스템은 한 사람을 평가하기 위해 모든 사람이 각자 다른 사람들에 대한 의견을 제시하도록 하는 구조다. 그러고서는 그 의견을 추후 승진 및 임금 인상 결정 등에 반영하기 위해 사람 또는 기계 알고리즘에 적용한다. 이러한 시스템은 피드백의 영향이 너무나 커진다는 것과 평가 기준을 정해야 한다는 것 외에도 추가적인 업무를 발생시킨다. 직원들에게 해야 할 역할을 분명하게 제시하고, 올바른 관리와 리더십, 인센티브, 구조를 제공한다면 시스템이 훨씬 더 심플해질 수 있다. 그러니 부디 측정을 할 땐 명료하고 단순하게 하자. 욕심낼 필요가 없다.

이는 기업뿐 아니라 정부도 마찬가지다. 최근 칠레는 과거 34개나 되는 전기공급회사와 관련된 민원을 3만 건이나 받은 이후, 정부 차원에서 전기료를 명확하고 심플하게 정하고 있다. 정책을 세부적으로 조정하여 단순한 구조의 전기료 체계를 구축하였고, 결과적으로 요금 측정에 대한 소비자들의 신뢰도가 50퍼센트 넘게 높아졌다.[22]

성공의 모습이 뭘까?

도서 홍보 담당자로 일하던 시절 성공을 측정하는 방법을 배울 기회가 있었다. 나는 저자들과 좋은 관계를 유지했고, 내가 쓴 기사는 언론에 자주 실리는 편이었으며, 전 직장 상사와의 계약으로 나만의 홍보 대행사까지 설립하게 되었다. 전 직장 상사는 호주의 출판인이자 작가 카르멘 칼릴Carmen Callil이다.

당시 나는 한 출판사 대표인 넬리 플렉스너Nellie Flexner와 인상적인 미팅을 가졌는데, 그는 출판계에서 훌륭한 커리어를 쌓은 미국인이었다. 플렉스너는 홍보 일을 외부 업체에 잘 맡기지 않는 사람이었지만 영국에서 가장 유명한 스포츠 매니저 테리 베너블스Terry Venables의 자서전을 낼 때는 달랐다. 테리 베너블스는 특정 홍보 이벤트를 조건으로 계약했다. 즉, 언론의 관심을 받아 저자를 만족시켜야 한다는 부담감이 출판사 측에 있었다.

"간단한 질문 하나만 할게요."

플렉스너가 강렬한 눈빛으로 나를 바라보며 물었다.

"성공이 어떤 모습이라고 생각하세요?"

성공을 무엇으로 측정하는지 물은 것이다. 톱기사의 유무인지 아니면 기사가 실린 매체의 종류인지 말이다. 우리는 홍보 전략에 대해 흥미로운 토론을 이어갔고, 나는 플렉스너의 투자와 승인을 받고 미팅 자리에서 일어섰다. 그 이후로 나는 복잡성에 둘러싸여 명료함을 얻고자 할 때마다 "그것이 어떤 모습인가?"라는 간단한 질문을 자신에게 하곤 한다.

이제 당신의 일상에 단순함을 가져다줄 명료함의 마지막 측면과 그 역할만 남았다. 이번 요소는 태도와도 관련 있고 행동과도 관련 있고, 삶의 현장과도 매우 밀접한 관련이 있다. 이 마지막 요소를 나는 살림이라고 부른다.

살림

모든 것에는 자리가 있고, 모든 것은 그 자리에 있다.

『비튼 여사의 살림』 중에서

단순한 삶은 집에서 시작된다

150년 전 전기, 자동차, 비행기가 없던 시절, 하늘엔 구름이 보이고 우리가 인터넷으로 연결되지 않았던 시절, 한 영국 여성은 집에서 하는 요리, 청소 등 살림에 관해 매우 현대적인 조언을 써냈다. 그 여성은 바로 이자벨라 메리 비튼Isabella Mary Beeton이다. 이사벨라는 가사일을 비롯하여 살아가는 방법에 대한 여러 조언들을 담아《영국 여성지The Englishwoman's Domestic Magazine》에 연재했는데, 이는 곧 책으로 출간되었다. 이 책은 금세 베스트셀러가 되어 연간 6만 부를 찍었고, 10년간 100만 부가 넘게 팔렸다. 그 책이 바로『비튼 여사의 살림Mrs Beeton's Book of Household Management』이다.

비튼 부인은 세계적인 정리 컨설턴트 곤도 마리에의 19세기 인물이다. 곤도 마리에의 저서『설레지 않으면 버려라』도 전 세계에서 300만 부가 넘게 팔렸다. 이 두 저서 모두 가장 중요한 장소인 집에서 심플함과 깔끔함, 그리고 질서를 유지하라는 단순하고 직접적인 메시지를 전한다.

여기서 살림의 대상이 되는 것은 주거용의 집만을 의미하는 것은 아니다. 요즘은 집과 사무실의 경계가 사라지고 있다. 2030년까지 우리 가운데 80퍼센트 이상이 프리랜서로 삶을 영위해나갈 것이라는 전망도 있다. 따라서 자신의 쓰임에 맞게 공간에 단순함의 원리를 적용해야 한다.[24] 중요한 것은 주변을 어지럽게 만드는 문제점을 파악하고, 이를 어떻게 해결할 수 있을지 그 방법을 알아가는 것이다.

집 안에서 단순함을 유지한다면 집 밖에서도 단순함을 유지하며 살아가게 된다. 물론 집을 호텔처럼 정리해야 한다거나 모든 장소에 미니멀리즘을 적용해야 한다는 말은 아니다. 그러나 물건을 찾을 수 없을 정도로 집 안이 엉망진창인 상태라면 집 밖에서도 그러한 상태일 수밖에 없다.

잡동사니 치우기

미국에는 저장 공간을 임대해 물건을 보관하고 관리해주는 셀프 스토리지 시설이 5만 개가 넘는다. 이 면적을 다 합치면 약 4,000억 평방피트나 된다. 싱가포르에는 약 1억 8,000만 달러의 투자가치를 지닌, 세계에서 가장 큰 셀프 스토리지 기업 스토어허브Storhub가 있다.[25·26] 셀프 스토리지 시장은 앞으로도 성장할 것으로 보이는데, 그 중심에는 개인들이 있다.

그렇다면 사람들은 이곳에 무엇을 저장하는 것일까? 그것은 바로 잡동사니들이다. 잉여의 것, 버려야 하는데 그러지 못하는 것들이다. 제임스 월먼James Wallman은 그의 훌륭한 저서『과소유 증후군Stuffocation』에서 왜 우리가 계속해서 더 많은 물건들을 소비하려고 하는지에 대한 이유와 부작용을 지적했다. 더 많은 물건은 복잡함의 한 형태다. 다락에, 침대 밑에 또는 개인 보관함에 뭘 넣어뒀는지 알고 있는가? "눈에서 멀어지면, 마음에서 멀어진다"라는 오랜 격언이 있다. 물건들을 멀리 따로 보관해두는 것이 현재의 시야와 공간을 정리하는 데는 도움이 될 것이다. 하지만 우리는 더 나은 방법을 뇌과학에서 찾을 수 있다.

우리의 이마 바로 안쪽에는 배외측 전전두엽이 자리하고 있는데, 여기에서 의사결정과 감정 조절, 주의 집중 등의 기능을 담당한다. 배외측 전전두엽은 마치 회로 차단기와 같아서 너무 많은 자극이 주어져 과부하가 생기거나 의사결정에 대한 요구가 많아지면 이를 차단해버리는 일을 한다.[27] 복잡함을 잡기 위한 심플한 대처를 하는 것이다.

우리의 머리가 쓸데없는 것으로 가득 차서 간과하게 되는 중요한 것들을 생각해보라. 많은 사람들이 알츠하이머나 치매, 기억 상실을 두려워한다. 하지만 스트레스와 불안, 과부하가 소위 '가성 치매'라고 말하는 증상을 일으키는 원인이 되기도 한다. 그나마 좋은 소식은 잡동사니를 없애는 것으로 뇌에 공간을 만들 수 있고, 이와 같은 증상들을 완화시킬 수 있다는 것이다.

데릭 드레이퍼Derek Draper는 성공한 비즈니스 심리학자로 매우 훌륭한 저서 『공간 만들기Create Space』를 집필했다. 데렉과 이야기를 나누기 위해 나는 그의 집을 찾았다. 그날은 수요일이었는데, 데렉이 생각하고 글을 쓰기 위해 업무적인 미팅을 하지 않는 날로 정해둔 요일이었다(정말 현명하다). 데렉은 나에게 침대 하나보다도 작은 방을 보여주었다. 거기엔 낮은 의자와 경사진 천장벽에 붙여둔 포스터가 있었다. 데렉은 "이 방은 두 가지 이유에서 제게 너무나 중요합니다"라고 말했다.

"첫 번째로 이 방은 제가 움직이는 것을 멈추고 생각을 하면서 시간을 보내는 장소입니다. 즉, 컴퓨터가 있고 문서가 쌓여 있는 제 사무실과는 다른 공간이지요. 두 번째로 이 방은 제 아내의 출입 금지 지역입니다."

매일의 마무리

그날 이후 데이비드 앨런의 조언이 거의 매일같이 내 머리에 맴돌았다. 데이비드 앨런의 조언은 이것이다.

"대부분의 사람들은 휴가 직전에 일이 잘된다고 느끼지만, 그건 사실 휴가 때문이 아니다. 긴 여행을 떠나기 직전 보통 무엇을 하는가? 아마 일을 재정리하고, 마무리하고, 명확히 하고, 또 재

협상하기도 할 것이다. 이런 일을 일 년에 한 번 있는 휴가 때만 하지 말고 매주 하기를 추천한다."

정말 맞는 말이다. 명료하게 만들어두는 일은 휴가 때뿐만 아니라 지속적으로 해야 하는 일이다. 이 원칙을 지키면 확실히 더 많은 것을 성취할 수 있고 덜 좌절하게 된다. 마음은 더 가벼워지고, 목적은 더 명확해진다. 정말 심플하고도 상식적인 조언이다.

앨런은 또 물건을 두는 장소를 꼭 정해두고 언제든지 찾을 수 있게 해야 한다고도 말했다. 이 짤막한 조언은 심플하지만 효과는 매우 크다. 서랍이나 파일, 폴더 등을 사들이는 데 많은 돈을 쓰라고는 하고 싶지 않다. 그저 계약서, 건강검진 결과서, 사용설명서 등을 한데 모아놓는 것만으로도 충분하다. 예기치 못한 일이 발생했을 때 어디부터 살펴야 할지 몰라 허둥대는 끔찍한 상황은 더 큰 사고로 이어지기 쉽다. 집 안도 잘 관리할 수 없다면, 삶은 얼마나 관리가 안 되어 있겠는가.

일을 하는데 계속해서 이메일 알람이 울려서 이를 모두 열어본다면, 분명 생산성을 잃어버리게 될 것이다. 머리는 복잡함으로 가득 차고, 그러다보면 한 업무에서 다음 업무로 그냥 넘어가 버리게 된다. 그러면 산만해지고, 예민해지고, 피곤해진다. 그럴 때, 나는 커피 한 잔을 마시고 다시 정신을 차린다.

나는 개인적으로 호텔 하우스키퍼를 닮고 싶다. 좋은 호텔일수록 침대 커버를 정리하고 화장실을 청소하는 데 얼마나 시간이 걸리는지 정확하게 알고 있다. 잘 보면 하우스키퍼들은 한 번에 한 가지 작업을 순차적으로 수행한다. 모노테스킹을 하는 것이다. 육각형 행동원칙은 한 번에 여섯 가지 작업을 수행하는 원칙이 아니다. 이미 작업에 일종의 패턴과 순서가 형성되어 있을지라도 말이다. 나는 우리 모두가 각자의 일에 이 로직을 적용했으면 한다. 스탠퍼드대학교에서 발표한 연구 결과에 따르면 멀티태스킹은 미신 그 이상도 이하도 아니다.[30] 이 연구 결과는 우리가 한 번에 더 많은 일을 하려고 하면 할수록 우리의 기억력에 부정적인 영향만 미칠 뿐이라고 말하고 있다.

단순화 원칙을 적용하면 마음이 명료해진다. 마음을 분명하게 하고, 주변을 깔끔하게 유지한다면 당신의 모든 잡동사니가 쉽게 정리될 것이다. 그러고 나면 가장 어려운 상황에서도 명확한 관점과 심플한 루트를 찾을 수 있다. 물론 그 상황은 개인마다 다를 테지만 말이다.

명 료 함

1. **의사결정의 피로함을 피하자.** 결정을 미루는 행동은 일을 지연시키고, 피로감을 주고, 복잡성을 증가시킨다. 육각형 행동원칙을 적용해 선택의 중심을 잡자.

2. **주의 집중을 하자.** 스크롤을 하면 할수록 다시 업무에 집중하기 위해 걸리는 23분 15초의 시간을 낭비하는 셈이다. 무한 스크롤의 굴레에 빠지지 말자.

3. **새로운 습관 만들기.** 하루 루틴을 돌아보며 나쁜 습관은 없는지 점검하고 새로운 습관을 만들기 위해 해야 할 일은 무엇인지 생각해보자.

4. **생산성의 해답을 찾자.** 당신의 일과 삶은 효율적으로 돌아가고 있는가? 그렇지 않다면 그 이유는 무엇인가? 우리는 그 답을 목적성에서 찾을 수 있다.

5. **"아니요"라고 말하자.** "예스"라고 말해야 할 일이 무엇인지 정하고, "아니요"라고 말하길 두려워하지 말자. 경계를 긋는 것은 현명한 행동이다.

6. **깔끔하게 치우자.** 삶을 어수선하게 만드는 것들을 재정비해야 한다. 잡동사니들을 걷어내고 필요한 것들을 바로 찾을 수 있도록 주변을 정리하자.

개성

내가 누구인지를 분명히 하다

심플함이 진짜 우아함을 만든다.

코코 샤넬Coco Chanel

카리스마 있는 리더들은 저마다의 개성이 있다. 랜드마크 빌딩도 그렇게 불릴 만한 개성이 있다. 뛰어난 기업들도 경쟁사와 차별화되는 자신만의 개성을 가지고 있다(아직도 코카콜라 레시피를 아무도 모르지 않는가). 이처럼 개성은 눈에 띄고, 차별화되며, 시간의 흐름과 무관하게 존재하는 강점이다.

가브리엘 코코 샤넬이 1909년에 설립한 프랑스 패션 브랜드로 100년이 넘는 세월 동안 전 세계적으로 사랑받고 있는 샤넬은 심플함이 얼마나 우아한지를 보여주는 대표적인 예시다.

샤넬이 지닌 심플한 우아함처럼 우리 각자도 자신만의 고유한 개성이 있다. 이러한 사실을 알지 못한 채 살아가게 되면, 잘못된 직업, 잘못된 관계, 잘못된 상황 등 우리가 원치 않는 복잡하고 잘못된 자리로 향하게 된다. 스스로의 개성을 믿고 그 개성을 잘 드러내기 위해 노력할 때 단순하고도 강력한 효과가 나타난다.

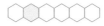

바퀴가 잘 굴러가고 또 잘 멈추도록 도와주는 바큇살처럼 자신을 자신답게 움직이게 하는 여섯 가지 요소들이 있다. 이 요소들은 따로 또 함께 살펴볼 수 있다.

- **정체성** 자신이 누군지 아는 것은 강력한 힘이 된다.
- **디지털 자아** 온라인과 오프라인에서 나는 어떻게 다른가.
- **센서티브** 예민함은 가장 특별한 개성이다.
- **창의성** 단순함과 창의성을 연결시켜라
- **진실성** 거짓말은 상황을 복잡하게 만들 뿐이다.
- **공간** 이동하는 시간으로 삶을 허비하지 말라.

인생에서 중요한 6가지만 기억하라

정체성

하나뿐인 눈 결정

개성을 잘 나타내는 육각형 모양은 바로 눈 결정이다. 내리
는 눈 결정의 모양이 모두 다르다는 사실을 알고 있는가? 어떻
게 무수한 눈 결정이 모두 다른 모양일 수 있을까? 미 국립 해
양대기청에 따르면 이유는 다음과 같다.

"눈은 하늘에서 떨어져 땅까지 내리는 길이 각자 다르다. 서로
조금씩 다르게 대기 중의 다른 조건들과 만나며 떨어진다. 그래
서 눈 결정 모양은 기본적으로는 각기둥이나 익숙한 레이스 패
턴을 보이면서도 하나하나는 모두 다른 모양을 띠고 있는 것이
다."[1]

사람도 눈 결정과 마찬가지다. 우리 모두는 각자의 인생 길
을 걸어가며, 그 길에서 서로 다른 환경을 경험한다. 예민하고
약한 젊은 세대를 가리켜 흔히 '눈송이 세대Snowflake Generation'라

고 표현하곤 하는데, 나는 이를 다른 의미로 사용하고 싶다. 우리는 모두 눈송이 세대다. 눈 결정처럼 다양하고 개별적이기 때문이다.

올림픽 개막식은 항상 마술쇼를 보는 것 같다. 모든 참가팀들이 국기를 들고나와서 한 방향으로 행진하되 각 국가를 표현할 수 있는 자신만의 퍼레이드를 펼친다. 내가 가장 좋아하는 올림픽 경기 종목은 체조인데, 체조를 관람할 때는 팀보다는 선수 개개인에 주목하게 된다. 금세기의 가장 훌륭한 체조 선수는 아마도 미국의 시몬 바일스Simone Biles일 것이다. 시몬 바일스는 모든 싱글 스코어 기록을 갈아치웠을 뿐만 아니라 자신만의 독창성으로 모든 동작을 섭렵했다. 시몬 바일스의 움직임을 보고 있노라면 사람이 아니라 마치 어떤 사물이 떠다니는 것 같다. 하지만 시몬 바일스의 재능과 기술이 아무리 뛰어나더라도 그녀도 우리와 같은 사람이다. 그녀의 정체성은 유일무이하지만 동시에 그녀는 자신이 속한 집단의 속성도 지니고 있다. 즉, 우리는 비록 시몬 바일스와 똑같진 않지만, 우리와 겹치는 정체성(여성, 미국인, 아프리카계 미국인, 인간 등)을 가지고 있다는 점에서 그녀가 우리의 일원이라고 주장할 수 있다.

혼재된 자아

성격과 정체성에 대해 알면 알수록 그것들이 얼마나 고정적이지 않은지, 그리고 얼마나 서로 다른 상태 사이를 왔다 갔다 하는지 알게 된다. 저명한 심리학 교수 브라이언 리틀Brian Little은 우리 인간이 '변화 가능한 성격Free Traits'을 가지고 있다고 발표했다.[2] 즉, 내성적인 사람일지라도 어떤 타당한 동기가 부여됐을 땐 외향적인 선택을 할 수 있다는 것이다.[3]

우리의 개별적인 성격들은 계속해서 발전하기도 하고 변화하기도 한다. 계속 움직인다는 말이다. 과거 우리는 마치 한 지역에 머물러 사는 것처럼 정적이거나 고정된 역할만 하며 살아왔다. 하지만 요즘 사람들은 예전에 비해 직장이나 삶의 터전을 자주 옮겨 다닌다. 개인의 역할도 시간과 장소에 따라 다양해졌고, 일터의 개념이 바뀌면서 직장과 가정에서의 정체성도 달라지고 있다. 이를 새로운 정체성, '혼재된 자아'라고 부른다. 나는 이 표현을 『완전한 연결』에서 개인적인 일상(집 안에 있는) 또는 전문가의 일상(사무실에 있는)만 보내는 것이 아닌, 이 둘이 혼합된 생활을 하는 사람들을 염두에 두고 처음 사용했다. 우리 일상은 이제 더 이상 고정되어 있지 않으며, 더 이상 장소가 일상을 제한하지도 않는다. 또한 한 장소에서 한 번에 한 가지 작업만 수행하는 모노태스크뿐만 아니라 멀티태스크의 복잡성이 들어차게 된다. 물론 혼재된 개개인의 자아를 바탕으로, 할 일을 계속하게 해주는 단순화 원칙을 여기서도 적용할 수 있다.

혼재된 자아를 인식하는 건 그리 복잡하지 않다. 혼재된 자아는 여러 개의 단순한 정체성들이 겹쳐 있는 것일 수도 있다. 1980년대에 개봉된 영화 〈시골 영웅Local Hero〉은 미 석유회사 고위경영진이 스코틀랜드의 한 마을을 둘러싼 땅을 사려고 노력하다가 어느새 그 마을과 사랑에 빠진다는 내용을 다룬다. 잘나가던 주인공이 자신의 우선순위가 잘못됐음을 깨닫는 과정을 보면, 우리가 인생에서 맡은 역할이 고정적이지 않다는 사실을 알 수 있다. 또한 소규모 지역 사회에서 개인이 수행해야 하는 역할이 여러 가지라는 점도 알 수 있다. 〈시골 영웅〉은 단순함과 단순했던 시대에 대한 그리움을 그린 영화다.

디지털 자아

온라인 신원

군이 '좀 더 단순했던 시간'(물론 어느 시대든 바로 전 시대와 비교하면 더 복잡해지기 마련이지만)을 꼽자면 역시 인터넷이 생기기 이전 시대다. 인터넷이 필요하지 않다는 말이 아니라, 무제한이라는 소용돌이에 빠지는 시간 낭비가 너무 많은 것이 문제다. 실제로 우리가 직면하는 가장 복잡한 것 중 하나는 실제의 일상과 온라인에서의 일상 사이를 지속적으로 왔다 갔다 하는 일이다. 실제로는 가깝지도 않은 사람들을 온라인에서는 하

인생에서 중요한 6가지만 기억하라

루에 몇 번이나 만나지만, 아무도 이상하게 생각하지 않는다.

디지털 자아는 마치 새로 등장한 종과 같다. 디지털 자아를 누구라고 설명해야 할까? 심지어 디지털 자아는 한 명이 아니다. 평균적인 소셜 미디어 유저들은(참고로 지구상에서 전체 인구의 절반이 소셜 미디어를 사용 중이다) 대부분 하나의 아이디로만 로그인하는 게 아니라 여러 개를 사용한다.

인터넷이 단순했던 때로 돌아가 보자. 15년 전만 해도 소셜 미디어 서비스는 페이스북밖에 없었다. 내가 처음 페이스북을 접했을 때를 떠올려 보면, 그때는 좀 단순했던 것 같다. 뉴스피드도 없었고, 그룹도 없었으며, '좋아요' 버튼도 없었다. 포스팅을 하거나 사람들끼리 초대해서 친구를 맺는 기능밖에 없었다. 하지만 얼마 지나지 않아 페이스북은 매우 복잡해졌다. 빅데이터가 적용되고 알고리즘이 바빠지면서 어느새 뉴스피드 내용은 각자에 맞춰져 있고, 친구들을 그룹화하는 것도 복잡해졌다. 열다섯 살 때, 캘리포니아에서 페이스북 콘퍼런스가 열려 간 적이 있다. 그때 소셜 미디어 계정이 2년마다 두 배씩 늘어났다는 걸 알았다. 이제는 한 사람이 무려 일곱 종류의 소셜 미디어를 사용하고 있으니 전체 소셜 미디어 계정 수는 얼마나 많이 늘어났을까.

여기에 들어가는 시간을 생각해보자. 우린 이미 우리가 스마트폰을 하루에 80번씩 들여다본다는 걸 알고 있다.[4] 사이트에 접속하는 것부터 이메일 체크, 그룹 채팅, 온라인 쇼핑, 게임 등 수십 가지 이유로 우리는 스마트폰을 들여다본다. 디지털 데이터 월드의 연구 결과에 따르면, 우리는 인생에서 깨어 있는 시간의 3분의 1 이상을 온라인 상태로 보낸다고 한다. 하루 6시간을 말이다.[5]

우리가 디지털로 무엇을 하든, 그 행위는 우리의 정체성에 영향을 준다. 전 세계에서 발생하는 비즈니스 사기 중 가장 큰 비중을 차지하는 것이 바로 온라인 신원 도용이다.[6] 온라인에서 활동하기 위해 잠시 사용하는 신원이라고 해서 이것이 실제 우리의 신원과 무관한 것은 아니다.

온라인 신원은 정체성에 대한 우리의 감각을 둔화시키고, 자신의 개성을 숨겨버릴 수 있다. 온라인에서 다른 사람들이 나의 정체성을 보는 방식이 내가 스스로를 평가하고 누군지 생각하는 것에 정신적 영향을 준다. 당신의 기기, 인스타그램, 트위터 계정, 그룹 채팅 닉네임, 팔로워, 포스팅에 누른 좋아요와 공유하기 그리고 댓글 등을 통해서 말이다.

수정된 기억

앞에서 온라인이 유발하는 불안에 대해 언급한 적이 있다. 부정적인 모습은 감추고 계속해서 행복하고 성공한 듯한 모습을 보여줘야 한다는 압박만이 온라인 불안은 아니다. 소셜 미디어가 등장한 이래로 젊은 여성들의 자살률이 크게 늘어났으며, 많은 연구에서 우울증의 위험에 노출된 사람들이 소셜 미디어를 과하게 사용하면서 부정적인 자기 이미지를 수정하지 못하고 되레 강화한다고 밝혔다.[7]

온라인의 자신이 오프라인의 자신과 동일하지 않다는 것은 문제가 된다. 마치 술이나 마약에 중독된 사람을 설명할 때와 똑같다. 온라인에서의 경험은 개인의 성격을 변화시키거나 과장시킨다. 레딧Reddit이라는 소셜 미디어에서 문제가 되는 트롤˙에 대한 연구 결과가 있다. 연구원들은 회복적 정의에 관한 실험을 진행하기 위해 가해자와 피해자를 직접 만나게 했는데, 그중 한 가해자는 과거 자신이 쓴 글을 보고 이렇게 말했다.

"제가 기억하는 것은 이런 맥락이 아닌데요. 당시 저는 다른 사람이 주도한다고 생각했고, 저는 그냥 옆에서 동조하거나 다른 걸 했다고 생각했어요. 그런데 지금 보니까 제가 주도한 것 같네요."[8]

온-오프 전환

디지털 자아가 우리의 실제 자아가 되지 않도록 하는 방법들이 있다. 그중 하나는 소통하고 싶을 때만큼은 온라인 미디어

˙ troll, 온라인 모임에서 공격적이거나 불쾌한 내용을 올려 사람들의 반감을 사게 만들고 모임의 생산성을 저하시키는 사람을 가리킨다.

사용을 제한하는 것이다. 즉, 오프라인으로 나오는 것이다. 나는 컴퓨터를 절전 모드로 만드는 것과 사람이 잠드는 것 사이에 차이가 없다고 생각한다. 둘 다 스위치를 끄는 것이기 때문이다.

다른 목적으로 디지털 기기에 접속하는 것보다 의사소통을 하기 위해 접속할 때 여러 문제들이 야기된다. 바로 옆에 앉아 있는 사람들과 이메일을 주고받거나 또는 너무 많은 이메일을 주고받는 현상(아직도 '전체 답장' 기능을 쓰는 사람이 있다면 제발 그러지 마시길. 그런 기능은 모든 사람의 받은편지함을 뒤죽박죽으로 만들 뿐이다)은 정말로 문제다.

핵심은 이메일이 나은가, 왓츠앱*이 나은가, 아니면 메신저가 나은가의 문제가 아니다. 당신이 의사소통을 할 때 얼마나 자기 자신의 모습인지, 메시지를 주고받으며 얼마나 실제 자신의 자아로 말하고 있는지가 중요하다. 전자 세계에서의 자아가 실제 사람들과의 연결을 단절시키거나 대체해버릴 위험이 있다. 그럴 경우 우리의 일상은 불투명하고 혼란스러워질 것이다. 하루에 여섯 번만 더 일어서서 사람들에게 다가가 원하는 것을 말한다면, 분명 혼동이나 의사소통 오류는 줄어들 것이다.

---

* 우리나라의 카카오톡 같은 메신저이다. −옮긴이

인생에서 중요한 6가지만 기억하라

센서티브

민감한 이유

심리학에서는 성격을 나타내는 다양한 형용사 중 공통적으로 꼽히는 다섯 가지 요소를 오션OCEAN 모형이라고 부르는데, 이는 개방적Openness, 양심적Conscientiousness, 외향적Extroversion, 공감적Agreeableness, 신경증적Neuroticism의 첫 글자를 딴 용어다.[9] 나는 여기에 여섯 번째 요소를 추가하고자 한다. 바로 '눈 결정Snowflakery'의 가장 큰 특징이기도 한 민감함, 센서티브Sensitive이다.

민감하다는 건 잘못된 감정이 아니다. 여기서 말하는 '민감함'은 자신에게 어떤 일이 일어나고 있는지, 그리고 그 일이 어떠한 영향을 주는지에 대해서 깨어 있는 걸 말한다. 종종 느껴지는 깊은 우울과 스트레스는 오히려 민감성이 둔화되고 자기 자신과의 연결선이 끊어졌을 때 발생할 수 있다. 지나치게 둔감한 것은 잘못된 자기 보호법일 수 있다. 즉, 너무 고통스럽기 때문에 스스로 민감해지기를 거부하는 것이다.

나는 한때 내가 너무 예민해서 문제라고 생각했던 적이 있었다. 그때, 몇몇 테라피가 정말 큰 도움이 되었는데, 이를 통해 나만의 감각을 갖는다는 것이 이전에 내가 생각하듯 감각이 무한정 소비되도록 두는 게 아니라는 사실을 깨달았다. 나는 예민함을 없애야 할 것으로 보지 않고 오히려 강화했으며, 그럼으로써 오히려 차분해지고 내가 바로 서는 걸 느꼈다. 그러던 어느 순간 예민함이 단순하게 느껴졌고, 내 인생은 훨씬 덜 복잡해졌다.

요즘 들어 감정적으로 예민해지기 시작할 때면, 이 감정이 무엇이고 어디에서부터 오는 것인지를 먼저 이해하려고 노력한다. 내 안에 있는 눈 결정을 건강함에 대한 초기 경고 시스템으로 삼는 것이다. 무언가 기분 나쁘고 스트레스가 느껴진다면 하던 행동을 멈추고 순간의 드라마에 집중해보자. 뭐가 잘못되었는지 스스로에게 묻는 과정에서 한두 가지의 문제도 꼽을 수 없는 경우는 드물다. 그렇게 함으로써 나의 감정에 대해 이해하게 되고, 나의 정체성, 즉 내가 누군지, 내가 뭘 느끼는지에 다시 초점을 맞출 수 있다. 이건 정말 파워풀한 느낌이다.

집단 사고

나는 우리 사회가 표준을 만들고, 각 개인이 이에 부합하는 존재가 되도록 강요되어왔다는 점이 못마땅하다. 기업에서 프로젝트를 진행할 때 보면 집단 사고가 강한 팀일수록 개인들의 다양한 의견을 듣고 토론을 통해 결론을 도출하기보다 한 방향으로 쉽게 의견의 일치를 보는 경향이 있다. 하지만 남다른 시각을 지닌 소수의 의견이 프로젝트를 발전시키는 데 원동력이 되어온 사례는 무수히 많다. 당신의 조직에 속해 있는 개성 강한 사람의 눈 결정 모양이야말로 바로 당신이 찾고 있던 것인지 모른다.

사회심리학과 행동과학에서는 집단 사고를 개인의 개성을 억압하는 한 집단 사이에 형성된 비합리적인 사고방식이라고 말한다. 집단 사고는 모든 사람들이 표준을 준수해야 하고, 그렇지 못한 사람은 정상이 아니며 열등한 것으로 간주해버린다. 이는 너무 지나친 단순화의 예라고 할 수 있다. 동일하게 생각하고 행동해야 하는 정상적인 집단이 있다고 가정하는 것인데, 사실 여기에는 단순한 사실 하나가 빠져 있다. 모든 사람은 다르다는 것이다. 지나친 단순화는 반드시 경계해야 한다. 단순화 원칙은 복합적인 상황을 존중하고, 개별적인 해결 방법을 다루는 원칙이다. 이것이 정말 중요한 차이점이다.

행복 최고 책임자

영국의 훌륭한 비영리 단체 '팀 도미니카Team Domenica'[10]는 다운증후군이 있는 도미니카 로슨의 어머니, 로사가 설립한 단체다. 현재 20대인 로슨은 유명 셰프인 나이젤라 로슨의 조카이자 고故 다이애나 왕세자비의 마지막 대자녀. 하지만 도미니카의 삶은 축복받지 못한 삶이었다. 다운증후군을 가진 사람들에게 기회란 매우 부유하거나 또는 영국 왕실의 핏줄이 아니면 거의 갖지 못하는 것이었다. 도미니카의 어머니는 딸이 좀 더 나은 기회를 얻고 독립된 어른으로 성장할 수 있도록 돕고 싶었다. 그래서 뭔가를 해야겠다고 생각했다. 독립심을 길러주는 가장 좋은 방법은 직업을 찾는 것으로 이는 경제적 능력뿐만 아니라 자기 존중감을 길러준다. 로사는 팀 도미니카의 목표는 "배움에 장애를 가진 사람들이 자신의 잠재력을 발견하고, 일자리를 위한 기회를 가지며, 지역사회에서 일하는 데 장애물이 없도록 돕는 것"이라고 설명했다. 도미니카는 24살에 브링턴 파빌리옹의 한 카페에서 자랑스럽게 첫 월급을 받았다. 그녀는 영국 《더 선The Sun》지와의 인터뷰에서 이렇게 말했다.

"일을 하며 정말 놀라운 감정을 느꼈고, 돈의 소중함을 알았습니다."[11]

로사와 닮은 인물이 또 있다. 다운증후군이 있는 존 크로닌의 아버지는 아들이 분명 비즈니스에서 감당할 수 있는 역할이 있을 거라고 믿고 존스 크레이즈 삭스John's Crazy Socks를 설립했다.[12] 이 회사는 특별히 존의 타고난 의사소통 능력, 디테일에 주목하는 특성, 재미를 추구하는 성향을 활용하도록 설계되었다. 이 회사의 '행복 최고 책임자'인 존은, EY 올해의 기업가상을 다운증후군을 지닌 사람 중 최초로 수상했다. 이 사업의 연간 매출은 오백만 달러가 넘는다.

행복을 만드는 또 다른 기업이 있다. 벤처 캐피탈리스트인 브라이언 제이콥스는 자폐증을 지닌 직원들을 지원하는 사업에 투자하는 새로운 벤처를 시작했다.[13] 여기에 브라이언은 개인

인생에서 중요한 6가지만 기억하라

사비만 무려 천만 달러를 투자했다. 그의 투자를 받은 IT회사 아우티콘Auticon 등 여러 회사들은 소위 '반복되는 작업에서 집중력과 인내를 유지하는' 자폐증 직원들에게 지원을 아끼지 않게 되었다.

인생의 어려운 복잡성을 극복하는 방법은 개별적이고, 단순하고, 간단한 길을 찾는 것이다. 이 일은 어느 누구도 같을 수 없다. 우리가 이를 인식하고 방법을 모색한다면, 어떤 일을 하더라도 더 많은 기회를 얻을 수 있을 것이다. 차이를 문제로 바라보지 말고, 우리와 어떻게 연결할지 생각해보도록 하자.

우리가 개성과 정체성을 표현하는 방식은 인간으로서 부릴 수 있는 마법의 일종이다. 이게 바로 우리가 기계와 구별되는 차이점이다.

창 의 성

창의성은 예술가만을 위한 게 아니다. 판매 계약을 체결하기 위한 새로운 방법을 찾는 비즈니스맨에게도 필요하고, 문제를 해결하고자 하는 엔지니어에게도 필요하다. 창의성은 습관이고, 최고의 창의력은 바람직한 업무 습관으로 이어진다.[14]

트와일라 타프 Twyla Tharp

창의성과 단순함

창의적인 활동을 할 때 무언가와 아주 깊이 연결된 느낌을 받을 것이다. 음악이든, 문학이든, 미술이든, 춤이든 또는 다른 창의적인 분야이든, 연결된 감정은 바로 당신이 원하는 느낌이다. 엘튼 존과 버니 토핀은 전설적인 싱어송라이터로, 현대 팝 장르에 새로운 바람을 불러일으켰다. 이들이 발표한 모든 곡들은 수많은 팬들의 마음을 사로잡으며 그들에게 또 다른 영감을 제공하고 있다.

인생에서 큰 기쁨 중 하나는 무엇이 자신에게 창의성을 주는지 아는 것이다. 내 경우 음악과 글, 그림이 특별한 울림을 준다. 특히 나는 십 대 때, 벨기에 출신의 화가 르네 마그리트의 그림을 처음 보았는데, 순식간에 사로잡혔다. 독수리 같아 보이는 산 그림, 보울러햇을 쓴 남자가 하늘에 떠 있는 그림 등 초현실적인 그의 그림과 나는 사랑에 빠졌다. 이후 나는 창의성이 필요할 때마다 종종 르네의 그림을 들여다보곤 한다.

이러한 창의성은 단순함과 어떻게 연결되는 것일까? 돈 블레드소Don Bledsoe는 시나리오 작가들의 컨설팅 회사인 스크립트 널스Script Nurse의 설립자다. 이 회사는 영화 제작 시장에서 작가들을 돕는 역할을 한다. 돈은 자신의 블로그에 〈당신의 대본을 매력적으로 만드는 여섯 가지 꿀팁〉이라는 글을 게재했다. 모든 것을 행동과 대화로 요약하고 단락은 짧게 쓰라는 팁이었다. 이는 어려운 일을 단순하고 명확하게 만드는 팁들이었다. 이렇듯 창의적이려면 먼저 단순함을 갖춰야 한다.[15] 하지만 반대로 단순해지고 잡동사니를 제거하려면 또 창의적이어야 한다.

예시를 하나 들어 보겠다. 음료회사 논서치Nonsuch의 창립자 헨리Henry의 집안은 영국에서 오랫동안 음료회사를 운영해왔다. 1728년 헨리의 5대조 할아버지인 클레멘트 슈발리에는 서포크에 '사이다'라는 과수원을 세웠다. 이 과수원은 사과주스와 식초를 생산해내는 수백만 파운드의 가치가 있는 비즈니스로 성장했다. 이를 보고 자란 헨리는 논서치를 설립하여 슈럽Schrub이라는 새로운 무알코올 혼합 음료를 시장에 내놓았고, 슈럽의 성공으로 회사의 시장가치는 2조 달러를 넘어섰다.

만약 누군가 헨리에게 스스로 창의적이라고 생각하는지 묻는다면, 그는 그저 머리를 긁적이며 그렇진 않다고 답할 것이다. 하지만 헨리의 새로운 시도는 분명 창의성과 단순함이 조화를 이룬 덕에 가능했다고 확신한다.

창의적인 로봇

지금까지 스크립트 널스와 헨리처럼 창의성을 지닌 사람들에 대해 살펴보았다. 그렇다면 창의적인 기술이란 뭘까? 고백하자면, 나는 인간이 기계보다 영원히 우위에 있을 거라고 확신하던 사람이었다. 이제는 사람의 개성과 창의성까지 인공지능이

구현할 수는 없겠지만 인간과 기계의 조화를 통해 특별하고 새로운 것이 만들어지리라 기대하고 있다.

노아이솔레이션No Isolation에서 개발한 소외된 어린이 맞춤형 로봇 AV1의 이야기를 하고 싶다. 이 로봇은 노르웨이에서 몸이 아파서, 혹은 교실에 적응하지 못해서 학교에 가지 못하는 아이들을 위해 만들어졌다. 이 아이디어도 매우 간단하다. 이 로봇은 학교에 갈 수 없는 아이에게 마치 교실 책상에 앉아 있는 것과 같은 '원격 참여' 느낌을 전해준다. 놀랄 만한 정서적 연결성을 지니고 있으며 심지어 이동하거나 자리를 옮길 수도 있다. 이 회사는 카렌 돌바Karen Dolva라는 여성이 20대 때 설립했다. 일부 국가에서는 만성 질환을 앓아서 교육현장에 참여할 수 없는 어린이의 비율이 무려 10퍼센트나 된다고 한다. 노아이솔레이션은 이러한 사실을 보고 명확한 상업적 니즈를 찾아낸 것이다. 아이들 개개인에게 파인트 사이즈 정도로 작은 로봇 하나를 제공함으로써 소외되는 것에 대한 심플한 솔루션을 제공해주었다. 이를 바로 창의성이라고 부르고 싶다.[16]

나는 트와일라 타프와 같은 창의적인 무용가처럼 춤을 출수는 없다. 창의적인 그림을 그리지도 못한다. 난 뭔가를 만들어내는 사람이 아니다. 그렇다고 해서 내가 창의적이지 않은 사람인가? 사실 예전에는 그렇다고 생각했다. 그러나 이젠 나 자신을 다르게 바라본다. 트와일라 타프와 같은 사람들의 이야기를 들으며, 그리고 생산성과 단순함에 대해 다른 사람들에게 알려주고 동시에 배우면서 나는 창의성은 우리 모두의 내부에 내재되어 있다는 사실을 깨달았다. 그걸 깨닫고 접근하는 순간 당신의 창의성은 폭발할 것이다! 눈을 가로막는 모든 종류의 장애물을 명확히 바라보면, 무엇을 하려고 했는지를 명확히 알 수 있을 것이다.

진 실 성

진실을 말하는 기계

해피오어낫Happy or Not은 성공한 핀란드 스타트업 회사 중하나다.[17] 공항 보안대를 지날 때 아마 당신도 이 회사 제품을 사용했을 것이다. 웃는 표정의 녹색 버튼부터 화난 표정의 빨간 버튼까지 총 네 개의 버튼이 있는 만족도 평가 기계 말이다. 단순하면서도 창의적인 이 기계는 전 세계 공항뿐 아니라 2만 5,000개가 넘는 곳에서 사용되고 있다. 콘셉트(이용자들의 피드백 받기)도 디자인(버튼이 매우 커서 누르기 쉽다)도 모두 간단하다는 게 이들이 성공한 이유다.

이 기계의 가장 좋은 점은 사람들이 자신의 진심을 기꺼이 말한다는 사실이다. 따라서 소비자들이 원하는 방향대로 잘 운영되고 있는지를 궁금해 하는 많은 회사들은 해피오어낫에 특별히 고마움을 표하고 있다.

우리가 알고 있는 사실 하나는 거짓말은 오히려 복잡하다는 것이다. 중세시대부터 전해 내려오는 "a tissue of lies(거짓말 투성이)"라는 말을 보자. '티슈tissue'는 아주 복잡하게 직조된 천을 가리킬 때 쓰는 표현이었다. 불과 2세기 전인 1800년대로 가보면 《런던 저널The London Journal》에서는 다음과 같은 예시를 제시했다.

"정치인의 교묘함과 교활함은 사실을 은폐하거나 오해하게 만드는 데에 꽤 자주 이용된다. 돈을 받고 글을 써주는 부패한 작가에게 의뢰해 목적에 맞게 거짓말tissue of lies을 뱉어내는 것이다."

요약하자면 진실되지 못한 상태가 되는 것은 진실된 상태가 되는 것보다 훨씬 어렵다. 정직과 진실성은 단순성을 대표하는 키워드다. 당신이 단순한 사람이라면 진실된 사람이 되는 건 훨씬 쉽다.

평소에 우리는 진실의 가치를 과소평가하곤 한다. 믿고 싶은 진실이라는 의미의 '트루시니스truthiness'는 인터넷의 규모와 스피드가 폭발하던 2000년대 중반에 생겨난 용어다. 오늘날 우리는 끊임없이 언론 매체와 소셜 네트워크에서 무엇이 진실이고 무엇이 가짜 뉴스인지, 심지어는 무엇이 딥페이크인지 논쟁하곤 한다. 그러나 이 문제는 생각보다 복잡하지 않다.

이때 우리가 복잡한 것과 거짓된 것을 따라 가버린다면 결국 사고가 나고 말 것이다. 거짓말은 결국 드러나게 되어 있다. 사람들은 무언가가 거짓이라는 걸 알았을 때, 대체로 가만히 있곤 한다. 다른 사람이 곤란해지는 일에 굳이 총대를 메려고 하지 않는 탓이다. 하지만 자신의 목소리를 내는 걸 두려워하기만 한다면, 결국 복잡성이라는 거미줄에 스스로 걸려들어 버릴지도 모른다.

3개의 C

진실됨을 유지하고, 단순함을 추구하며, 복잡함이라는 잘못된 길로 빠지지 않기 위해 필요한 안전장치가 있다. 나는 그것들을 3C라고 부른다. 다음은 3C의 핵심을 요약한 것이다.

주장 Calling it out — 직장의 수직적 구조에서 당신이 얼마나 낮은 직급에 있든, 아니면 당신이 얼마나 수줍음을 타건 상관없이 뭔가 잘못되었다면 잘못되었다고 말해야 한다. 잘못된 것의 예로는 도저히 맞출 수 없는 마감 시간이나 누군가가 다칠 만한 상황 등이 있다. 만약 직장 상사나 팀이 "죄송하지만, 이번 일은 불가능합니다"와 같은 말을 수용할 마인드가 되어 있지 않다면 그 조직은 발전할 수 없다. 주장은 진실에 중점을 두어야 한다. 진실되게 행동하고 진실을 말하라. 상황이 훨씬 단순해질 것이다.

동정심 Compassion — 다른 사람의 관점에서 생각해보고 공감한다는 것은 도덕성과 진실성을 갖추는 것 이상의 역할을 한다. 당신이 동정심을 품을 때 정말 대단한 일들이 일어날 것이다. 수많은 혐오와 논쟁, 극단적인 사건으로 가득 찬 시대지만, 그래도 대부분이 우리가 따뜻하게 바라봐야 할 사람들이다. 많은 연구 결과가 동정심을 가지고 행동할 때 자신에게 좋은 영향을 미친다고 분명하게 말해준다. 버팔로대학교의 마이클 파울린Michael J. Poulin 교수가 5년간 846명의 사람들을 관찰한 결과, 다른 이들을 도와주며 살아간 사람들이 그렇지 않은 사람들에 비해 더 높은 행복감을 누렸을 뿐 아니라 스트레스에 더 강하고 심지어 수명까지 더 길었다고 한다.[18]

타협 Compromise — 타협은 진실이 단 하나고, 진실로 가는 길이 단 하나라는 생각에서 벗어나는 것이다. 이런 마음가짐은 비실재성, 복잡성, 그리고 두통을 줄여준다. 타협, 즉 의견 일치에 이르기 위해 양보하는 행위는 가족 안에서, 연인 관계에서, 친구 관계에서, 직장에서, 그리고 무엇보다도 우리 자신 안에서 이루어져야 한다. 혹시 당신이 언제나 100퍼센트를 해내야 한다고 생각하는 사람이라면, 자신에게 혹독할 것이고, 주변 사람에게도 타협이 없는 사람일 수 있다. 자신과 타인에게 조금만 더 관대하다면 나머지는 훨씬 쉽게 당신을 따라올 수 있다.

이 세 가지를 통해 무려 155명의 생명을 살린 위대한 인물이 있다. 바로 2009년 1월 뉴욕 허드슨강에 US 에어웨이 항공 1549편을 동체 착륙시킨 체슬리 설렌버그Chesley Sullenberger(이하 '설리')이다. 사고가 발생하고 마무리될 때까지 걸린 시간은 고작 6분이었다. 사고 이후 과연 동체 착륙이라는 결정이 최선이었는지를 의심하는 항공계 인사들로 인해 설리 기장은 몇 달간이나 심문에 회부되었다. 그 인사들은 자신들의 디지털 항공 시뮬레이션이 전문가의 경험보다 더 낫다고 믿은 것이다. 이 급박한 6분 동안 설리 기장은 그저 규칙만을 따르도록 훈련된 조종사가 아니라 한 사람이 되었다. 그 순간에는 개인이 된 것이다. 그는 컴퓨터 오류를 주장하고 패닉에 빠지는 대신 냉철함을 유지한 채 물 위로 동체 착륙하기로 타협했다. 물 위로 동체 착륙하는 건 위험하기도 했지만, 맨해튼 중심부의 수많은 빌딩과 보도에 충돌하는 것보다는 훨씬 나았다. 시간이 지나 설리 기장은 이렇게 말했다.

"팩트, 즉 사실들이 바로 우리에게 무엇을 해야 할지, 어떻게 해야 할지를 알려 줍니다. 하지만 우리가 그걸 해야 하는 이유는 인간다움, 인간에 대한 사랑 때문입니다."

나는 이 영웅적인 스토리에 감동을 받았고, 진실됨이란 살아 있으며 전 세계의 직장과 학교, 정부기관의 곳곳에 스며들어 있다는 걸 다시금 느끼게 되었다. 이런 사례에 대해서 더 많이 알수록 좋다. "안 돼요"보다는 일어나서 "그 대신 이렇게 합시다"라고 하는 사람들에게 박수를 보낸다.

이제 한 가지 요소만 남았다. 우리의 자아, 즉 개인의 혼재된 자아, 개인의 개성, 집단의 자아가 어디에 있는가에 대한 것이다.

공간

지금 어디에 있는가

우리는 집이나 사무실을 구할 때 위치가 중요하다고 생각한다. 사람들은 좋은 위치가 무엇인지 다들 안다. 하지만 우리 스스로가 어디에 서 있는지, 우리의 인생이 어디에 서 있는지는 알고 있을까? 쥘리앵 프랑송Julien Françon의 매력적인 저서 『벌들의 마음The Mind of the Bees』에는 이런 구절이 나온다.

"벌들이 낮에 하는 일은 여행의 연속일 뿐이다. 때로는 거리가 먼 여행일 수 있지만, 중요한 건 항상 뭔가를 얻어 온다는 것이다."

벌들은 약 2만 마리씩 거의 작은 마을 수준의 집단으로 움직이는데, 프랑송의 말을 빌리자면 "벌들은 상황에 따라 건축가, 벽돌공, 청소부, 도배업자, 보급 부대원, 화학 전문가 등이 됐다가 친절한 간호사도 되고, 또 때로는 야만적인 전사가 되기도 하면서 집단을 지킨다."

장소에 관한 벌들의 감각은 믿을 수 없을 정도로 발달되어 있다. 각 벌은 개인적인 자아와 함께 집단의 목적에 따른 자아도 가지고 있다. 이렇게 벌들은 자신의 시간, 노력, 에너지를 쏟는 모든 장소에서 혼재된 자아로 살아간다. 이는 인간도 마찬가지다. 혼재된 자아는 여러 역할들 사이를 왔다 갔다 한다. 역할뿐 아니라 위치도 그렇다. 말 그대로의 위치 말이다.

1980년대에 유행했던 사무실 인테리어는 큐브형으로, 파티션을 통해 각 개인에게 작은 공간이 주어졌는데 이는 점차 근로자의 정체성이 드러나는 공간으로 변하게 되었다. '이게 나다'는 걸 잘 보여주는 공간이 된 것이다. 오늘날 우리의 개성은 각자의 공간에서 점점 더 복잡해져 간다. 갈수록 많은 사람들이 프리랜서로 일하거나 파트타임으로 일부는 집에서, 일부는 사무실에서 일하는 형태가 많아졌으며, 사무실도 핫 데스킹(유연

좌석제) 형태 등으로 다양화되고 있다.

피트는 글로벌 커뮤니케이션 기업의 임원으로 일해왔다. 세계 최대라는 명성을 얻기 위해 노력했고, 여러 장소를 오가느라 한 달에 적어도 절반 정도는 비행기와 차 안에서 시간을 보냈다. 워낙 스케줄이 바빴던 탓에 피트는 하루 전에 가족들에게 출장 소식을 알릴 때도 많았다. 피트와 나는 종종 만나 시간을 보냈는데, 어떤 때는 해외에서 보기도 했다. 우리는 일과 삶의 균형에 대해 이야기했으며, 그러다가 여행과 장소에 대해 나누곤 했다.

대부분의 사람들이 그렇듯이 피트는 자신이 일하는 곳이 '원래 이런 곳'이라고 생각하고 있었다. 즉, 자신의 힘으로 어떻게 할 수 없다는 것이다. 피트는 관대하고 낙관적인 사람이었고, 자기 삶이 행복하다고 느끼는 사람이었다. 그래서인지 잦은 해외 출장에도 별다른 신경을 쓰지 않았다. 그냥 그러려니 한 것이다. 하지만 그의 몸은 그렇지 않았다.

몇 년 후 피트의 몸은 완전히 망가져 급성 위장 장애로 응급 수술을 해야 할 지경에 이르렀다. 몸이 어느 정도 회복됐을 때, 피트는 비로소 자신이 그동안 너무 바쁘게 살았음을 깨달았다. 피트는 나에게 이렇게 말했다.

"내가 원하는 건 간단해요. 살아 있고 싶고, 우리 아이들이 크는 걸 보고 싶어요."

피트는 수용적인 자신의 태도가 실제 현실을 가리고 있었다는 사실을 알고 충격을 받았다. 출장은 너무 잦았고, 일정은 복잡했으며, 시차에 적응해야 했고, 계속해서 다른 팀과 다른 대륙을 다니며 일을 해야 했다. 이 모든 게 쌓이고 쌓여 번아웃을 일으킨 것이다. 피트는 이제 근거리 출장만 가겠다고 결정했다. 사실 이러한 결정은 몸이 문제를 일으키기 전에도 충분히 내릴 수 있었다. 복잡하게 생각하는 대신 단순한 모델을 생각했다면 말이다.

피트와 나는 요즘도 만나서 칵테일을 마신다. 이제 우린 인생의 복잡함보다는 세상의 복잡함에 대해 주로 이야기한다. 우리의 삶은 그다지 바쁘지 않기 때문이다.

개 성

1. 눈 결정이 되자. '눈 결정'을 떠올리며 예민함을 부정적인 개념이 아니라 자신의 개성
   을 결정짓는 고유한 특징으로 생각하자.

2. 진정한 자아를 잃어버리지 말라. 온라인 세계에서의 나와 오프라인 세계에서의 나
   는 서로 다를 수 있다. 디지털 자아가 현실 자아를 위협하지 않도록 주의해야 한다.

3. 집단 사고를 경계하자. 다른 사람들이 맹신하는 일을 그저 따라가는 것은 열린 마인
   드가 아닌 닫힌 마인드로 이어진다. 충분히 다른 사람들과 다른 견해를 가질 수 있다
   는 사실을 기억하자.

4. 창의적인 습관을 길러라. 창의성은 우리 내부에 내재되어 있다. 잠자는 나의 창의성
   을 깨울 일상의 루틴을 만들어라. 또한 창의성을 가로막고 있는 장애물을 제거하라.

5. 진실한 사람은 단순하다. 거짓말은 스스로를 복잡성의 거미줄에 빠져버리게 한다.
   주장하기, 동정하기, 타협하기를 기억하고 실천하자.

6. 공간에 대해 알자. 사는 곳과 일하는 곳은 자신의 정체성을 말해준다. 장소를 이동하
   는 데에 너무 많은 시간을 허비하고 있다면 이를 줄이려는 노력이 필요하다.

리셋

스위치를 끄고 제로 만들기

> 나는 휴대폰을 내려다봤고, 이게 이 자체로 감각을 무뎌지게
> 하는 방은 아닐까 생각했다. 매우 작고 강렬한 이 매트릭스의
> 세계는 바람, 빛, 그림자로 나에게 말을 하는 현실과는 비교할
> 수 없다.[1]
>
> 제니 오델 Jenny Odell

리셋은 데이터를 처리하는 기구 전체나 일부를 제로로 만든다는 뜻이다. 이 리셋의 개념을 각자의 머릿속과 삶에 적용해보면 어떨까. 스마트폰을 끄고 노트북을 덮는 것처럼 연결되어 있는 모든 기기와 미디어를 차단하고 우리의 뇌 회로의 스위치를 꺼보는 것이다. 이러한 의식은 우리가 흔히 생각하는 휴식이나 수면과는 다른 개념으로 인생의 최적화된 경로를 다시 설정하도록 도와준다.

오늘날 사회는 무언가를 만들어내라고 끊임없이 요구한다. 팔로워를 만들고, 더 많은 물건을 사들이고, 투 두 리스트to-do list를 만들어 자신이 얼마나 바쁜지를 보여주느라 또 바쁘다. 이러한 상황에서 출발점으로 다시 돌아가라는 메시지는 왠지 따르면 안 될 것 같은 느낌마저 든다. 하지만 리셋이 우리에게 미치는 강력한 영향력을 알게 된다면 오프 스위치를 누르는 것을 망설이지 않게 될 것이다.

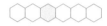

복잡한 세계에서 자신을 지키기 위해서는 때때로 리셋이 필요하다. 자신을 이전과는 다른 새로운 렌즈로 바라보자. 여기 리셋의 여섯 가지 측면을 소개한다. 물론 다른 원칙들과 마찬가지로 이것 역시 함께 사용할 수 있다.

- 해방 오프 스위치를 눌러서 온라인 상태에서 벗어나라.
- 마음 비우기 자신만의 고요한 공간을 만든다.
- 호기심 자신의 삶의 여행자가 되라.
- 자연 자연의 리듬과 속도에 자신을 연결시킨다.
- 호흡 숨 고르기는 일시 정지 버튼과 같다.
- 재미 즐거움과 생산성의 관계를 파악하라.

인생에서 중요한 6가지만 기억하라

해방

난 마약쟁이가 아니라 방어적으로 말한 것뿐이다. 얼마 동안
훌쩍 떠날 것이다. 나에겐 휴식을 취하고 해방되는 시간이다.[2]

오테사 모시페그Ottessa Moshfegh

세상을 멈추고 날 좀 꺼줘

컨트리 음악의 레전드 멀 해거드는 자신의 노래 〈Stop the World and Let Me Off〉에서 계속 돌아다니는 데 신물이 난다고 말한다. 나는 이 노래를 들으며 끝없이 연결된 상태에 종속된다는 것이 얼마나 피곤한 일인지 생각하게 되었다. 우리가 원하든 원하지 않든 연결에서 자유로운 사람은 없다. 물론 잠시 스마트폰을 꺼두고 온라인 세계를 차단할 수는 있지만, 그렇다고 우리가 연결되어 있지 않다고 말하기는 어렵다.

이렇듯 우리는 복잡한 현실에서 해방되기를 갈망하며 살아간다. 문제는 잘못된 방법으로 해방을 찾는 사람들이 늘어나고 있다는 사실이다. 바로 알코올과 마약이다. 미국을 비롯해 여러 국가에서 발생한 마약성 진통제 오피오이드의 남용 사태는 사람들이 법적으로 금지되지 않은 환각제 '리걸 하이'를 찾게 만들었다. 이들이 원하는 건 다 같았다. 바로 세상을 멈추고 나를 좀 꺼 달라는 것이다.

최근에 읽은 소설 중 오테사 모시페그가 쓴『내 휴식과 이완의 해My year of rest and relaxation』에서는 절망, 분투, 희망 없음, 그리고 오피오이드를 통한 망각의 힘을 빌려 현실에서 도피하고자 하는 갈망에 대해 무척 날카롭게 묘사하고 있다. 물론 이것은 어디까지나 소설이다. 하지만 이 소설이 거둔 문학적 성공은 작가가 우리 시대의 모습을 제대로 이야기했다는 증거다.

우리는 자기 자신에게 어떻게 해방될 것인가를 묻기 전에 왜 해방되고자 하는지 또 해방을 통해 무엇을 얻고자 하는지 물어야 한다. 내 인생이 너무 복잡하고, 무언가에 짓눌려 있고, 고정시키기 어려울 때가 바로 생각해볼 찬스다. 육각형 행동원칙이 단순함으로 가는 길이라는 걸 기억하라. 육각형 행동원칙은 긍정적인 방향으로 향하도록 도움을 줄 것이다.

스스로 받아들이다

무언가에 중독되어 있는 사람들은 내면에서 자신을 비판하는 목소리가 너무나 커서 고통스럽다고 말한다. 모두가 무언가를 이전보다 더 많이, 더 빨리 성취하는 데에 중독되어 있다는 걸 고려하면, 많은 이들이 불안을 경험하고 있다. 우리가 제대로 힘을 사용하지 못하게 방해하는 것이 바로 우리의 오랜 적인 스트레스임을 잊지 말자.

해방은 자신이 그걸 원하고 필요로 한다는 걸 받아들일 때

에야 비로소 가능해진다. 말하자면 자기 자신에게(그리고 자신의 주변 사람들에게도) 일종의 허락을 해주는 것이다. 영국 작가 요한 하리Johann Hari는 우울증과 약물 치료에 대해 의문을 제기하는 데에 누구보다 많은 일을 했다. 요한 하리는 중독의 반대는 절제가 아니라 연결이라고 말한다.[3] 불행하다거나 공허하다거나 또는 매우 고통스럽다는 사실을 받아들이는 것은 자신이 사회적인 존재라는 점을 인정하는 셈이다. 우리는 어딘가에 소속되고 싶어 하고 혼자서는 살아가지 못한다. 나는 해방이라는 것은 자신이 느끼는 바를 있는 그대로 받아들일 때 비로소 느낄 수 있는 것이라고 생각한다.

직장 문화가 점점 개선되고 있는 것 같아 기쁘다. 웰빙이 직장 문화의 화두로 던져지고 정신건강에 대해 더 많이 이야기한다는 건 좋은 신호다. 하지만 우리의 실제 머릿속과 심장에서 벌어지고 있는 일들에 대한 책임은 궁극적으로 우리 자신에게 있다. 스스로 스트레스를 줄이고 경계를 설정할 수 있다는 자신 감을 먼저 가져야 한다. 그래야 자기 주도적으로 해방을 성취할 수 있다.

조용히 서 있다

루이스 체스터Louise Chester는 전 세계 기업인들에게 가장 신뢰받는 조언자다. 그는 수백만 달러의 투자 결정을 담당하던 잘 나가는 금융 투자 매니저였다. 현재 그녀는 '직장에서의 마인드 풀니스'를 통해 현재의 순간을 알아채는 것이 어떻게 중요한 비즈니스 스킬이 되는지 전하고 있다. 마인드풀니스의 목표는 우리가 좀 더 나은 결정을 내리고 원활한 사회적 활동을 지속하도록 돕는 것으로 이는 이전에 그녀가 하던 투자 관리만큼이나 수익에 영향을 미쳤다. 나는 개인적으로 루이스가 참 좋은데, 자기 목표와 도전에 매우 솔직하기 때문이기도 하지만 변화를 만들어가는 사람이라서 그렇다. 루이스에게 자문을 받기도 하지만, 만나면 가십거리를 이야기하기도 하고 같이 걷기도 하고 칵테일을 마시기도 하고 한다. 그러다 알게 된, 루이스가 실천하고 있는 단순화 원칙은 정말 흥미로웠다.

"나에게 단순해진다는 건 정지된 것, 스스로 끊임없이 어떤 것을 떠맡아 반응하는 행위를 쉰다는 걸 뜻해요."

나는 그녀가 전적으로 옳다고 생각했다. 움직이거나 활동적인 것으로는 절대 소란과 혼란에서 자신을 해방시킬 수 없다. 하지만 사람들은 완전히 반대로 행동한다.

이미 트랙을 달리고 있는 중이거나 안절부절못하는 사람이라면 너무 과한 요구라고 생각할 수 있다. 하지만 선을 그어서 끝없는 복잡성이 주는 압박으로부터 벗어날 수 있다면, 이 얼마

인생에서 중요한 6가지만 기억하라

나 멋진 일인가? 이제 그만 손을 놓아도 된다고 허락하는 것은 상상하는 것보다 덜 극적이고 덜 어렵다.

머릿속에서 여유를 허용하는 것 외에도, 실제로 행동해야 한다는 의무감으로부터 해방되는 것도 중요하다. 이건 앞에서 말했던 명료함과 의사결정, 경계 개념과도 연결된다. 아리아나 허핑턴은 자신의 훌륭한 저서 『제3의 성공Thrive』에서 너무 일이 많은 상황에서 자신을 해방시키는 것에 대해 말하면서 이 내용을 언급했다. 해야 할 일 목록에서 프로젝트를 없애는 것만으로도 그 프로젝트를 심플하게 끝낼 수 있었다는 사실을 깨닫고는 아주 자유로워졌다. 왜 이 불필요한 짐을 지고 다니는가?[4]

리셋의 두 번째 측면은 비움에 대한 주제다. 혹자는 내가 잘못 썼다고 생각할 수도 있지만, 나는 마음 채우기에 집중하기보다는 그 반대인 마음 비우기에 집중하고 싶다.

마음 비우기

비가동 시간

서퍽에 있는 알데버그의 멋진 회색빛 해안가에서 작가, 기업가, 사상가들이 함께하는 모임이 열렸다. 연사들 중 한 명인 앤서니 셀든Anthony Seldon이 아침 식사를 하기 전에 잠시 걷자고 제안했고 그와 이야기할 수 있는 기회라고 생각한 많은 사람들이 그 제안에 동참했다. 앤서니 셸든은 너무 바빠서 멀티태스킹이라는 용어로도 모자란 사람이었다. 당시 그는 학교를 운영하면서 동시에 정치인의 전기를 여러 권 쓰고 있었다.

산책에 따라간 사람들이 알았는지는 모르겠지만 그 산책은 결코 단순한 산책이 아니었다. 그건 다름 아닌 마인드풀니스 산책이었다. 당시 루이스 체스터를 비롯한 몇 명이 주장한 셀프헬프와 성찰의 개념이 이미 몇 년 전부터 유행인 상태였다.

모두가 바닷바람과 명상의 힘에 감탄하며 돌아왔다. 하지만 그중 한 명만 셸든이 마음 비우기를 옹호했으면 좋겠다고 가시 있는 말을 했다. 내면의 반성이 너무 많다는 것인데, 글쎄. 사실 나는 부지불식간에 그가 좋은 포인트를 짚어줬다고 생각했다.

왜냐하면 명상이나 마인드풀니스를 진지하게 하려면 시간을 따로 떼어 두거나 어디에 앉거나 걷거나 아니면 앱이라도 켜는 등의 어떤 노력을 해야 하기 때문이다. 즉, 아이러니하게도 마음을 내려놓고 스위치를 끄기 위해서 다시 마음을 켜야 한다는 말이다. 어떤 식으로든 노력을 기울여야 한다. 여기서 나는 생각을 해보았다. 마인드풀니스와 명상이 왜 평온함을 얻고 스위치를 끄기 위한 유일한 방법이라고 생각해왔는가? 차라리 반대로 마음 비우기를 목표로 하면 안 되는가? 된다면, 어떻게 해야 되는 걸까?

생각할 공간

중요한 건 바로 공간이다. 이는 루이스 체스터가 말한 고요함의 감각과도 연결된다. 이 공간을 무엇이라고 부르는지는 각자의 생각에 달렸다. 중요한 것은 이 공간을 어떻게 확보하는지, 이에 대해 어떻게 느끼는지이다. 잠깐 동안만이라도 당신이 멈출 때, 그리고 특정한 생각을 해야 하거나 행위를 해야 한다는 목표 없이 마음 안에 온전한 공간을 줄 때, 그때 회복이 일어난다. 공간을 만들어주면, 지나치게 긴장한 마음을 바로잡을 수 있다.

명상 전문가 마이클 태프트Michael Taft는 언젠가 92일 침묵 수련을 진행했고, 수련 결과에 대해 "내 마음이 채워지지 않았다"라고 말했다.[5] 어쩌면 내가 너무 세세한 구분을 하고 불필요한 구별을 짓는 걸 수도 있다. 하지만 동기 부여를 위해 사용하는 언어는 중요하다. 그런데 마인드풀니스와 마음 비우기는 그리 다르지 않다고 생각할 수 있다. 정말 중요한 건 어떻게 자각하느냐이다.

인간의 뇌는 특정한 일을 수행할 때는 리셋하거나 쉬는 게 힘들다. 신경과학에서는 아무것도 하지 않을 때 활성화되는 뇌 부위들의 연합을 디폴트 모드 네트워크라고 부른다. 이는 무의식의 사고를 수행하는 여러 주요 경로들이 만나는 지점이다. 인류와 자연에 대한 글을 쓰는 저술가 마이클 폴란Michael Pollan은 이 지점을 두고 마음에 있는 빈 공간이라고 설명했다.[6,7] 그렇다면 내가 마인드풀리스니스mindful-less-ness라는 새로운 단어를 만들어봐도 괜찮지 않을까?

스위치 끄기

물론 심플함은 우리가 비가동 시간을 어떻게 부르느냐와 상관없이 그 역할을 다한다. 무한한 가능성을 없애고 필요한 것에만 초점을 맞춤으로써 비로소 리셋 상태를 얻을 수 있다. 난 클래식 음악을 들을 때나 요리를 위해 마늘 한 쪽을 썰 때는 자연스럽게 나의 행동을 단순화시킨다. 사고하는 과정을 좀 더 느리게 만들면서 긴장 완화의 상태에 들어간다. 어떤 이들은 온라인 쇼핑이나 게임으로도 긴장 완화 같은 효과를 얻을 수 있다. 즉, 이것 역시 개인에 따라 다를 것이다.

스위치를 끄는 것은 사적인 행동처럼 느껴질 수 있는데, 어쩌면 이는 자기 자신과 친해지는 행위이기 때문인지도 모른다. 나는 스스로에게 이제 쉬자거나 스위치를 끄자는 신호를 파자마를 입는 것으로 정했다. 여기서 말하는 파자마는 정말 꾸미지 않은 사적인 생활을 영위할 의복을 말한다. 스위치를 완전히 끄기 위해 켜져 있지 않은 상태를 만드는 것이다.

인생에서 중요한 6가지만 기억하라

디스맘런스

영국의 한 사회적 기업 디스맘런스#thismumruns의 설립자 멜 바운드Mel Bound는 자신의 회사가 행복한 우연으로 세워진 곳이라고 표현했다. 그녀는 두 아이를 낳고 통근을 하며 바쁜 생활을 하던 중, 자신의 망가진 몸을 회복시키기 위해 달리기를 결심했다. 그러곤 함께 뛸 동료를 구한다는 글을 페이스북에 올렸다. 그 후, 디스맘런스는 아이를 가진 수천 명의 워킹맘들이 소통하는 커뮤니티가 되었고, 이들은 여기서 일상에서 쌓인 스트레스와 긴장으로부터 멋지게 리셋된 자신의 모습을 찍어 올렸다. 이들이 하는 사회적 달리기에 붙은 제목은 "당신의 시간, 당신의 공간, 당신의 걸음"이다.

난 달리기를 즐겨 하는 사람은 아니지만, 중년에 접어들면서 여러 스포츠들을 접하게 되었고, 집중적인 운동만큼 짧은 시간에 체력을 길러주는 건 없다는 걸 알게 되었다. 그 후, 나는 놀랍게도 스핀 사이클에 재미를 붙이게 되었는데, 런던의 사이클과 뉴욕의 소울 사이클 클래스에 쏟은 집중과 에너지가 없었더라면 이 책을 쓰는 일을 포기해버렸을지도 모른다. 그룹 운동은 자신만의 내면적 고립 상태에서 벗어나 다른 곳에 속하게 해주기 때문에 스위치를 끄는 데 정말로 효과적이다. 운동복으로 갈아입는 것도 파자마로 갈아입는 것처럼 효과적이었다. 게다가 운동하는 45분 동안 한 번도 휴대폰을 만지지 않았다는 것 역시 매우 큰 성취감을 줬다.

호기심

위대하고 관대한 마음에서 오는 호기심은 첫 열정이자 마지막 열정이다.

새뮤얼 존슨Samuel Johnson

능동적 휴식

리셋은 휴식과 연결되어 있는데, 사람들이 가진 휴식에 대한 개념은 대부분 수동적이라서 슬리핑 마스크를 하고 소파에 널브러져 있는 모습만 떠올리기 쉽다. 앤드류 데이비슨Andrew Davidson은 본인에게 가장 이상적인 리셋은 능동적인 휴식 중에 비로소 찾아온다고 말했다. 앤드류와 그의 파트너 데이비드는 훌륭한 여행가인데, 이들은 수많은 도시와 시골을 걸어 다녔다. 인스타그램에서 이들을 팔로우하면, 이들이 여행 사진을 즐겨 올린다는 걸 알 수 있다. 영국, 웨일스, 스코틀랜드, 아일랜드 등 다양한 곳이 올라와 있고, 유럽과 아메리카, 남아프리카 사진도 있다. 모든 곳이 앤드류의 관심을 끌었기 때문이다.

앤드류에게 여행은 두 가지 효과가 있었다. 첫째로 앤드류는 주변 사람들에게 좋은 영향을 미치는 사람이 되었다. 그가 지닌 엄청난 에너지와 공감 능력은 그의 여행에서 비롯된 것이다. 둘째로 여행을 다니면서 그는 더 넓은 시야를 가지고 더 현명해졌다. 여행을 다니면서 넓은 세상을 경험했기 때문이다.

알아차리기

사회심리학자 애덤 갤린크시Adam Galinksy는 여행이 창의성에 미치는 영향을 연구했다. 인간의 뇌는 신경가소성을 띠기 때문에 여행을 하면서 우리가 다른 문화 속으로 들어갈 때 새로운 경험과 아이디어에 열린 자세를 갖게 된다. 최근 연구들을 살펴보아도 여행은 마음의 상태를 개선해준다.[8]

나의 아버지는 새로운 곳을 여행하는 걸 좋아하셨는데, 일이 잘 풀린 덕에 원하는 대로 다양한 곳을 방문할 수 있었다. 심지어 90대의 나이에도 응급 상황을 대비해 의료진을 대동하고 여행을 가셨다. 내 어린 시절 가장 행복했던 순간은 바로 파리, 뉴욕, 북웨일스의 산을 아버지와 함께하던 때였다. 요즘도 공항에 갈 때마다 아버지를 상상하며 우리가 나눴을 법한 대화를 상상해보곤 한다. 아버지는 분명 내가 세계의 어느 곳을 가든 그곳에 대해 설명해주실 수 있었을 것이다. 다독가이신 아버지는 백과사전에 버금가는 지식을 가지고 계셨기 때문이다. 아버지가 돌아가신 후, 1930년대에 쓰신 아버지의 일기장과 종이 뭉치들을 발견했다. 아버지의 모국어는 독일어였는데, 십 대 때 런던으로 이사 오면서 영어를 쓰기 시작하셨다. 아버지께서 일상에서 발견한 것들에 대해 쓰신 기록을 열중해서 읽다가 이런 글을 보았다.

"나는 이제 모든 걸 알아차리기 시작했다. 이게 바로 내가 하고자 한 일이다. 알아차리기."

호기심은 나의 아버지나 앤드류 같은 사람들이 열린 마인드를 가지고 여행하고 리셋하고 재생산하도록 이끌어주었다. 나는 이런 사람들을 영원히 여행하는 여행자라고 생각한다. 아이디어와 장소, 사람을 여행하는 것이다. 이들에게 호기심은 아이디어와 영감, 에너지를 샘솟게 하는 연료와 같다. 호기심이 있으면 일이 아니라 놀이가 된다. 호기심은 많은 생각과 행위를 이끌지만, 그럼에도 불구하고 호기심이 이끌 땐 그것이 휴식이 된다.

나의 아버지는 앤드류처럼 정말 열심히 일하셨는데, 그래서 언제 일하기를 멈춰야 할지 아셨다. 일하기를 멈추고 다른 것을 함으로써, 그리고 다른 것들을 능동적으로 알아차리려고 하는 과정에서 아버지는 마음과 감각을 쉬게 한 것이다. 그렇게 해서 새롭게 얻은 초점으로 다시 일에 복귀하실 수 있었다.

인생에서 중요한 6가지만 기억하라

자 연

벌들은 11월부터 2월까지 휴식을 한다. 사람도 이 기간에는 벌들을 방해할 수 없으며, 휴식을 취하도록 해줘야 한다.[9]

H. J. 와디H. J. Wadey

자연 속 걷기

내가 어렸을 때 〈사운드 오브 뮤직〉이라는 영화를 참 좋아했다. 줄리 앤드류스가 두 팔을 앞으로 뻗어 자신의 마음을 노래하는 모습은 명장면 중 하나다. 영화 보는 시간은 언제나 비가동 시간이자 일탈하는 시간이다. 이 영화는 도시의 청중들로 하여금 말 그대로 열린 공간으로 나올 수 있게 해주었다. 영화 속 배경은 자유, 도피, 안전을 상징했고, 실제로 사람들도 그렇게 느꼈다.

우리 가족이 살던 곳은 오스트리아의 인스브루크라는 마을이었다. 내가 어렸을 때 우린 이곳에 있는 조그마한 언덕에 오르곤 했었다. 성장한 후에는 여기에서 신선한 공기와 깨끗한 물을 마시며 쉬거나 산책을 하며 마음을 정리하곤 했다.

자연 속에 있는 것이 좋다는 연구 결과는 계속해서 나오고 있다. 버클리대학교 그레이터 굿센터에서는 숲길을 걷는 것이 스트레스를 줄이고 긴장을 완화시켜준다는 사실을 심박수의 변화를 통해 입증하였고, 핀란드의 연구진은 자연 속에서 20분간 걷는 것이 도심 속에서 20분간 걷는 것보다 스트레스를 더 줄여 준다고 발표했다.[10]

여기서 내가 주목한 점은 자연이 겸손을 알려준다는 사실이다. 크고 작은 생물들이 함께하는 자연 속을 걷는 동안은 직책 같은 것들은 존재하지 않을 뿐만 아니라, '나를 봐줘'식의 인스타그램도 할 수 없다. 그런 것들이 자연 속에선 얼마나 무의미한지 깨닫게 되기 때문이다. 이것이 바로 스트레스에 지친 도시 사람들을 데리고 시골로 가서 함께 걷고 이야기하는 이유일 것이다.

모든 생명체는 크거나 작다

자연 속에서 걷다 보면 여러 동물과 곤충을 만나게 된다. 나는 지금 부엌 창가 한쪽에는 소 무리가 보이고 다른 한쪽에는 거위와 양이 보이는 곳에서 이 문장을 쓰고 있다. 빌 브라이슨Bill Bryson은 저서 『바디The Body』에서 그 모든 능력에도 불구하고 우리의 뇌가 다른 동물들의 뇌와 뚜렷하게 구별되는 점은 없다는 사실을 지적했다. 즉, 인간의 뇌는 다른 동물들과 같은 요소로 구성되어 있다는 것이다. 인간의 뇌는 개나 햄스터와 같은 뉴런, 축삭, 신경절로 되어 있다.

나는 미치와 레비라는 고양이 두 마리와 대플이라는 강아지 한 마리와 함께 살고 있다. 그렇지만 동물 애호가는 아니었다. 난 아직도 소와 말을 좀 무서워한다. 또 육식을 하기 때문에 동물보호단체나 인권보호단체 중 하나에 기부하라는 요청을 받으면 늘 인권보호단체를 선택하곤 했다. 하지만 벌들에 관한 이야기를 읽고 그들에게서 영감을 받은 지금, 그리고 이 책을 쓰며 자연 속에서 많은 시간을 보내게 된 지금, 생명체에 관한 나의 관점은 완전히 바뀌었다. 자연의 리듬과 속도에 자신을 맞추고 그 안에 있는 생명체들의 존재를 알아차리기 시작한다면 그들과 하나가 되는 걸 느낄 수 있다. 그게 바로 진정한 휴식이자 리셋이다. 하나의 상태를 끊고 다른 생명체와 연결되었다가 다시 일상으로 돌아오는 것은 매우 멋진 일이다.

다이애나 레너Diana Renner와 스티븐 드수자Steven d'Souza의 저서 『아무것도 하지 않기Not Doing』에서는 자연과 사람, 동물, 휴식 간의 관계에 대해 묘사한다.[11] 호주에서 지친 상태로 개울가에 도착한 한 여성이 자연환경과 그곳의 말들과 조화되는 법을 배우는 장면이 인상 깊었다.

"그녀는 야생화, 물의 흐름, 나뭇가지의 흔들림, 말의 망설임, 말 갈기의 떨림을 알아차리고 느꼈다. 말들은 한 마리씩 그녀에게 다가갔고, 그녀 가까이 서 있었다. 말들은 풀을 뜯지도 않고 그저 느긋한 고요함 속에 서 있었다."

자연과 단순한 삶

이 장에서 다룬 내용은 사회적 건강과 연관되어 있다. 사회적 건강은 온라인과 오프라인에서 성취하는 것들의 균형을 뜻하기도 하지만, 스스로 다른 이들과 어떻게 연결되는지를 설명하는 것이기도 하다. 단순화 원칙의 핵심은 균형이라는 걸 기억하자. 자연은 균형을 맞춰주는 위대한 존재다. 네덜란드 연구진은 자연 풍경이 담긴 그림을 바라보는 것만으로도 부교감 신경계가 활성화되어 차분해지는 효과가 나타난다는 연구 결과를 발표했다.

이 책을 쓰는 동안, 자연 속에 있거나 자연과 가까이 있을 때 가장 생산성이 좋다는 걸 알게 되었다. 비록 세계에서 가장 큰 도시 중 하나인 런던의 한복판에 살지만, 런던 안에도 멋진 녹색 자연의 공간이 있다. 내가 가장 좋아하는 곳은 어린 시절을 함께한 장소인 햄스테드 히스다. 런던의 북쪽에 위치한 오래되고 거대한 삼림 지대로, 관광객뿐 아니라 런던 거주자들도 매우 좋아하는 곳이다. 이곳에는 나무로 둘러싸인 작은 오아시스인 레이디즈 폰드Ladies' Pond가 한가운데 숨겨져 있다. 나는 여름이나 초가을에 머릿속을 깨끗이 하고 정신을 집중하기 위해 찬물 수영을 한다. 수면에는 오리들이 떠 있고 조용한 말소리만 들리는 상태에서 상쾌한 물속에 들어가 청명한 하늘을 올려다보고 있으면 그저 아름답다.

나는 일상적인 루틴을 좀 더 심플하게 만들고 싶었다. 이 책에서 당신에게 추천하는 삶을 나도 살아내고 싶었던 것이다. 그 결과, 나는 바뀌기 시작했다. 사소한 것에서 내가 변하고 있음을 알게 되었다. 일단 더 깔끔해졌고 더 정돈되었다. 뭔가를 하는 행위 자체가 줄었기 때문에 바쁜 일상 대신에 나만의 시간도 갖게 되었고, 차분한 마음으로 내가 지금 무엇을 하고 있는지 알아차리는 시간도 보냈다. 북해에서 매일같이 수영하던 소피 레비만큼 용감하지는 않지만, 그럼 햄스테드 히스에서는 어떨까? 그 정도는 할 수 있을 것 같다.

우리가 복잡한 이 세상을 인지하면 할수록 더 단순한 시스템과 더 단순한 삶이 우리에게 손짓한다.

호흡법

언젠가 비행기 안에서 심한 난기류 때문에 공황발작을 겪은 적이 있다. 당시 내 귀에는 누군가(알고 보니 내 목소리였지만) 매우 크게 우는 소리가 들렸고, 순간적으로 영혼이 완전히 몸과 분리되었다고 느꼈다. 그다음엔 내가 기억하기로 승무원이 내 가방을 내 옆자리에 내려주고 옆에 앉아 갈색 봉투를 건네주며 침착하게 숨을 쉬라고 했던 것 같다. 비행기가 안정된 상태로 돌아왔을 때, 내 호흡도 즉시 안정을 되찾았다.

이처럼 위급한 상황뿐 아니라 평상시에도 우리가 어떻게 호흡하는가는 매우 중요한 문제다. 빌 브라이슨은 『바디』에서 이렇게 말했다.

"깨어 있든 잠들어 있든, 대부분은 무의식중에 당신은 조용하고 리드미컬하게 매일 약 2만 번씩 숨을 들이쉬고 내쉰다. … 일 년에 730만 번씩, 평생 5억 5,000만 번 또는 그 이상 호흡한다."

벌의 경우를 보면, 벌은 사람만큼의 산소량을 필요로 하지만 사람만큼 자주 호흡하지는 않는다. 벌들은 산소를 몸으로 직접 흡입하는 숨구멍 구조를 가지고 있다. 벌집의 육각형 모양은 공간적인 효율성뿐만 아니라 산소를 에너지 낭비 없이 효과적으로 흘러 들어오게 한다. 사람처럼 과호흡 증상을 겪지는 않지만, 벌들도 스트레스를 받고 패닉에 빠지기도 한다. 특히 꿀 채집이 잘 되지 않을 때 그렇다고 한다. 벌의 스트레스는 살충제와 함께 벌들의 수가 감소한 주요 원인 중 하나다.[12]

호흡을 잘하느냐 못하느냐에 따라 우리가 처한 상황이 결정될 수 있다. 호흡해야 살 수 있다는 걸 생각하면 그다지 놀라운 일도 아니다. 특별한 순서 없이 호흡만 잘해도 소화계와 림프계가 개선되고 긴장된 시스템이 완화된다. 비행기에서 겪은 일 이후로 나는 두 가지를 깨달았다. 첫째로, 날 불안하게 하는 게 뭔지 직시해야 한다. 둘째로, 차분한 상태를 되찾게 해준 방법, 즉 호흡법의 비밀을 알아야 한다. 비행기에서의 2분에 관해서도 더 알고 싶었다. 내가 봉투가 없었어도 또 땅에서였더라도 똑같이 회복될 수 있었을까? 스트레스를 줄이는 데 호흡하는 기술이 얼마나 중요한지 조금 늦게 알게 되었지만, 이제 나는 호흡법에 대한 확고한 옹호자가 되었다.

내가 실행하는 호흡법은 무척 심플하다. 그저 앉거나 누워서 눈을 감고 숨을 들이쉬고 코로 내쉰다. 호흡하면서 때로는 10까지 셀 때도 있고, 세지 않을 때도 있다. 때로는 벌처럼 흔들거리는 춤을 출 때도 있고 호흡을 빠르게 하거나 참고 있거나 하는 식으로 호흡법을 조금씩 바꿀 때도 있지만, 어쨌거나 호흡은 한다. 주의가 산만해질 때마다 나는 호흡법을 실행한다. 호흡법을 실행하는 시간은 주로 6분에서 12분 사이로 하고, 이 시간은 휴대폰 타이머로 맞춰 놓는다.

의심의 여지없이 당신이 느끼고 있는 복잡성을 풀기 위한 가장 쉽고 간단한 방법은 호흡법을 실행하는 것이다. 수많은 웹사이트, 앱, 책 덕분에, 그리고 피트니스와 헬스계에서 요가와 마인드풀니스를 자주 다루고 있으므로 당신은 선택할 거리가 많다. 만일 당신이 지구상에서 생각이 가장 많은 사람이라고 할지라도 호흡법을 통해 어지러운 마음에 휴식을 줄 수 있을 것이다.

내가 삼십 대가 되어 처음 만난 막내 동생 조스는(스토리가 길지만, 간단히 말해 조스는 내 이복형제다) 연극 연출가였다. 우린 만나서 느낌, 스트레스, 가족 이야기 등을 나눴다. 조스는 전화를 끊을 때나 헤어질 때면 항상 어떤 장면이 끝날 때 하는 신호처럼 "깊이 호흡해"라고 말했고, 덕분에 나는 종종 문제 상황에 닥칠 때마다 조스가 한 이 말을 기억하곤 한다.

숨 고르기

어디서 왔는지 모르지만 다들 알고 있는 문장이 있다. "숨을 고르다." 이 말은 어떤 상황에서 일부러 쉼을 시도하는 짧은 행위를 말한다. 미팅에서 아무런 성과도 건지지 못해 마음이 복잡한 날이나 뭔가에 오랜 시간 공을 들였는데 아무것도 변화시키지 못했을 때 사용한다.

숨 고르기 행위는 인간만이 할 수 있는 행위다. 이는 마치 스크린에서 멀어져서 일시 정지를 하는 순간이기도 하고, 논쟁에서 한 발짝 벗어나는 것이기도 하고, 아니면 뭔가 열띤 상황에서 잠시 쉼을 갖는 것이기도 하다. 조정에 필요한 시간은 생각보다 길지 않다. 게다가 숨을 고르는 것은 그다음에 일어날 상황을 극적으로 바꿀 수 있다. 하버드 비즈니스 리뷰에서 발표한 논문에서는 격앙된 교섭 상황에서 일시 정지 버튼을 누르는 것이 그 교섭을 이끄는 가장 현명한 대처라고 말했다.[13]

나는 숨 고르기란 무엇인가에 생명을 불어넣는 순간이라고 생각한다. 그것이 당신이든, 무언가에 대한 집중이나 열정이든 간에 말이다. 숨 고르기는 아주 자연스럽게 통제권을 되찾는 방법이 될 수 있다.

낮잠 자기

휴식과 리셋을 하기 위한 가장 간단한 방법이 뭐냐고 묻는다면, 그건 낮잠이다. 낮잠을 자는 달콤한 20분 동안에는 눈을 감고 휙휙 돌아가는 세상과의 연결을 끊을 수 있다. 낮잠을 시에스타siesta라고 부르기도 하는데, 라틴어의 호라 섹스타hora sexta, 즉 여섯 번째 시간에서 기원한 이름이다. 나에게 낮잠은 빠르고 효과적이면서 간단한 휴식 방법이다. 내가 낮잠을 잘 때 고집하는 유일한 도구는 슬립 마스크다.

수면의 중요성은 아무리 강조해도 지나치지 않다. 아리아나 허핑턴의 『수면 혁명』과 같은 책 덕분에 수면은 행복한 삶을 위한 중요한 주제가 되었다. 수면의 본질은 건강한 몸과 마음을 위해 세포들이 재생되고 호르몬이 생성되는 시간에 인생의 3분의 1을 할애하라고 요청하는 것이다.

인간은 단상성 수면을 취하는 동물로, 우리는 일정 시간 동안 깨지 않고 한 번에 잔다. 그렇다면 우리에게 낮잠이 필요한 이유는 무엇인가? 여러 자극과 스트레스 때문에 우리의 수면이 방해를 받고 있기 때문이다. 십 대들의 수면 장애와 미디어 스크린타임 간에는 분명한 상관관계가 있다. 중년 여성들은 갱년기의 호르몬 변화 때문에 불면증을 겪거나 쉽게 잠들지 못하는데, 불면증을 다루는 의약품 시장이 얼마나 커지고 있는지를 보면 알 수 있다. 우리의 삶이 복잡하면 복잡할수록 잠드는 것도 더 복잡해질 것이다. 수면을 도와주는 요소들을 파악하는 일이 쉽지 않기에 우리를 더 지치게 만든다. 이것이 체력을 보충하는 응급조치인 낮잠이 더욱 중요한 이유다.

앞에서 논한 몇 가지 리셋하는 방법들과 달리, 낮잠은 그룹으로 하기에 좋은 활동은 아니다. 하지만 다른 사람과 하지 말란 법은 없다. 회사 내에서 취하는 잠깐의 낮잠이 에너지를 보충해주고 업무 효율을 높여준다는 과학적 사실을 활용한 온갖 제품들이 시장에 나와 있다. 그중 대표적인 상품이 미래적인 디자인을 자랑하는 고가의 의자다. 물론 나는 평평한 곳만 있으면 잘 자고, 종종 차에 가서 자곤 한다(단, 주차된 상태로 의자를 젖히고 엔진을 끈 차 안에서).

중요한 건, 낮잠 시간이 길어야 한다거나 특별한 장소에서 자야 하는 건 아니라는 사실이다. 그렇다면 얼마나 낮잠을 자야 할까? 일반적으로 20분 정도가 가장 좋다고 한다. 어떤 사람들은 이를 가리켜 '파워 낮잠'이라고 부르지만, 일단 낮잠을 자기로 결정하는 것 자체가 파워풀한 결정이다.

인생에서 중요한 6가지만 기억하라

재미

안 해봤다면 해봐야 합니다. 이건 재밌고, 재밌는 건 좋기 때문
이죠.

닥터 수스 Dr. Seuss

일시적 도피

그림책 작가 닥터 수스 Dr. Seuss 는 아이고 어른이고 할 것 없
이 재미를 원하는 사람들에게 특효약이다. 등장인물과 스토리
로 그가 전해주는 위트와 지혜는 책 속에 푹 빠져 버리게 만든
다. 나는 이 순간을 도피의 순간이라고 부른다. 재미를 느끼면
일상에서의 심각하고 무거운 마음에서 벗어나 새로운 곳으로
들어가는 기분이 든다. 예술 작품이나 영화를 감상할 때 그 속
으로 빠져들어 가는 느낌을 경험해봤을 것이다. 하지만 재미는
도피보다 더 큰 의미를 갖는다. 재미는 원래의 나에 가벼운 터
치를 하여 기운이 난 상태로 만들어주기 때문이다.

주의산만은 부정적인 느낌이 강하다. 나도 스마트폰에서 울
리는 땡땡거리는 소리가 일으키는 시간 낭비를 언급하기도 했
다. 하지만 의도적인 주의산만은 어떨까? 잠깐의 놀이나 재미로
도피하는 건 그리 나쁘지 않다. 사실 우리가 웃거나 휴식할 때
많은 신체적 및 심리적 지표가 변한다. 스트레스 호르몬인 코르

티솔이 줄어들고 수면의 질을 높여주는 세로토닌이 분비된다. 언젠가 유튜브에서 정원에 있는 트램펄린을 하는 어린 여우 영상을 본 적이 있다. 영상 속 여우는 예상치 못한 바운스에 매료되어 끝없이 뛰어놀고 있었다. 우리는 구르며 놀기 좋아하는 회색 곰부터 집 마당에 있는 강아지까지, 동물들이 얼마나 놀기를 좋아하는지 잘 알고 있다. 인간도 동물인지라 놀기를 좋아하는 건 마찬가지다.

사라 프레스먼Sarah Pressman의 논문을 비롯하여 여러 학술논문은 신체적 건강과 웰빙에 좋은 심리사회적 및 신체적 방법에 대해서 이야기한다.[14] 재미를 느끼는 일은 어떤 한 상태와 연결을 끊고 다른 상태가 되는 것이고, 에너지와 기분의 변화를 가져오는 한 방법이다.

행복감과 생산성

숟가락에 달걀 얹은 채 달리기를 하는 에그 앤드 스푼 레이스egg and spoon race는 학교나 지역 스포츠, 커뮤니티 모임에서 즐겨하는 게임이다. 이 게임의 아이디어는 숟가락으로 달걀의 무게중심을 잡고 달린다는 건데, 정말 엉뚱하다. 이 게임은 누구나 즐길 수 있고, 다른 사람들이 하는 걸 구경하는 것도 즐겁다. 사람들을 결속시킬 뿐 아니라 기분 전환을 해준다는 이유로 에그 앤드 스푼 레이스가 회의실에 도입될 정도다.

재미가 주는 행복감이 생산성을 향상시킨다는 결과를 보여 주는 연구는 매우 많다. 한 영국 연구팀에서 사람들에게 유명한 코미디언의 영상을 보여주고 자신의 감정 상태를 1~7 사이로 평가하도록 부탁했다. 이때 재미를 느낀 이들의 행복감 지수는 정말 높았다.[15]

집단 내에서 재미를 느끼기 위해서는 꼭 농담이 오가거나 포복절도할 일이 생겨야 하는 건 아니다. 트와일라 타프는 자신의 저서 『천재들의 창조적 습관The Creative Habit』에서 달걀들A Dozen Eggs이라고 부르는 체조에 대해 언급했다. 이 체조는 단단한 달걀 모양으로 동그랗게 몸을 만 후에 또 다른 달걀 모양으로 몸을 펴는 요가와 같은 체조이다. 트와일라는 이렇게 말했다.

"이보다 더 심플하게… 내 영혼을 기쁘게 해주고 고양시켜주며, 마치 태아로 돌아가는 듯한 경험을 주는 건 없다."

행복감이 생산성에 얼마나 중요한 역할을 하는지는 기업인 뿐만 아니라 경제전문가들과 정치인들도 알고 있다. 한국에서 열린 2018년 OECD 웰빙 포럼에서 노벨상 수상자인 컬럼비아 대 조지프 스티글리츠Joseph Stiglitz 교수와 프랑스 경제학자 장 폴 피투시Jean-Paul Fitoussi, 그리고 행복에 관한 정책의 옹호자인 런던 정경대학교의 리처드 라야드Richard Layard 교수를 만나 이야기를 나누는 기쁨을 누릴 수 있었다. 우리는 낮부터 한밤중까지 이어지는 뒤풀이 자리에서도 생각의 바퀴에 기름을 부어주는 여러 대화들을 이어가며 콘퍼런스를 즐겼다. 이들은 웰빙의 중요성을 전 세계 정부의 정책에 반영하기 위해 노력해온 사람들이다. 특히 스티글리츠 교수는 물리적 가치에만 집착하는 GDP가 행복, 즉 삶의 수준을 제대로 측정하지 못한다는 보고서를 발표해 OECD가 '더 나은 삶의 지수Better Life Index'를 도입하는 결과를 이끌어냈다.[16]

재미를 주는 육각형

마지막으로 당신이 좋아할 만한 육각형 물건 두 개를 소개해보겠다. 첫 번째는 육각형과 오각형으로 완벽한 기하학적 디자인을 만들어내는 축구공이다. 현대 축구공은 12개의 정오각형과 20개의 정육각형으로 구성된 다면체다. 월드컵 경기는 전 세계적으로 가장 시청률이 높을 뿐 아니라, 나는 당신 또는 당신의 지인 중 누군가는 분명히 축구를 좋아할 거라고 확신한다. 그만큼 축구는 가장 사랑받는 스포츠 중 하나다.

그런데 나처럼 축구를 좋아하지 않는다면, 다른 육각형도 있다. 두 번째로 소개할 육각형은 퀼트다. 육각형을 기본 모양으로 하는 퀼트는 18세기에 시작되었고, 초기 퀼트를 부르던 이름은 벌집 퀼트 또는 육면 패치워크였다. 나는 개인적으로 친한 여자들끼리 모여 앉아 퀼트를 하는 것만큼 마음을 차분하게 하고 재미를 주는 건 없다고 생각한다.

리 셋

1. 제로 설정하기. 오프 스위치를 눌러서 온라인 상태에서 벗어나는 것만큼 해방감을 주는 건 드물다. 당신의 긴장감 레벨을 제로로 돌려놓기 위해 어떤 것이 필요한지 알아보도록 하자.

2. 마음 비우기. 잠시 고요함 속으로 들어가 보자. 명상도 하나의 방법이 될 수 있지만, 다른 사람들이 한다고 따라 할 필요는 없다. 스위치를 끄는 데에 무엇이 도움이 되는지, 어떤 것이 자신의 창의성을 자극하는지 발견하도록 하자.

3. 능동적 휴식. 환경에 변화를 주어 내 안의 호기심이 아이디어, 영감, 에너지의 연료가 되도록 하자. 무슨 일이 벌어지고 있는지 알아차리고 어디에 있든 여행자처럼 살자. 그리고 새로운 관점을 얻어 돌아오자.

4. 벌과 나무가 있는 곳으로! 자연의 리듬과 속도에 다시 스스로를 연결하고 자연 속으로 들어가기 전과 무엇이 달라졌는지 비교해보자.

5. 호흡하고 숨 고르기. 종종 빠른 리셋이 필요할 때가 있다. 어떤 일이 너무 격앙될 때, 스스로의 호흡에 집중하거나 숨을 고르는 것이 당신을 차분하게 만들어줄 수 있다.

6. 재미 찾기. 언제 해도 재미있는 활동을 찾도록 하자. 하루 동안 웃을 일이 없었다면 삶을 즐기고 있지 못하다는 증거다.

인생에서 중요한 6가지만 기억하라

지식

정보 비만에서 벗어나라

커리어의 네 단계:
1. 이메일을 원한다.
2. 이메일에 답장한다.
3. 이메일을 두려워한다.
4. 책상 밑으로 숨고 우즈베키스탄의 목화 농장에 있다는 자동 응답 메일을 설정한다.[1]

매트 헤이그Matt Haig의 트위터에서

내 커리어는 노트북이 없고 책상 위에 데스크톱만 있던 시절부터 시작됐다. 혹시 지금 책을 읽고 있는 당신이 내 아이들 세대인 밀레니얼이나 Z세대라면(아니면 심지어 그다음 세대인 알파 세대라면), 당시 인스타그램, 페이스북, 위챗, 위콘택트, 바랏 스튜던트, 레딧이 없었다고 하면 믿기 힘들지도 모르겠다. 심지어 당시엔 인터넷도, 롤링 뉴스도, 유튜브도 없었다. 우리는 과거 독일의 발명가 구텐베르크가 금속활자를 세상에 처음 내놓았을 때, 첫 번째로 큰 지식 혁명을 이뤘던 여섯 국가 중 하나였다. 현재는 온 세상이 지식으로 넘쳐흐르고 있다.

토르켈 클링베르그 교수는 저서 『넘치는 뇌』에서 "주의 집중은 정보 홍수가 뇌에 도달하게 하는 수문이다"라고 말했지만, 정작 우리의 뇌는 주의 집중을 하는 것에서부터 이미 집중된 주의를 관리하는 것에 이르기까지 무한한 능력을 가지고 있지 않다.[2]

지금 우리는 정보가 넘쳐흐르는 시대에 살며 정보 비만 상태가 되어가고 있다. 음식을 너무 많이 먹으면 비만 상태가 되어 각종 질병을 유발하듯, 지식도 마찬가지다. 사실뿐 아니라 과장되거나 거짓된 뉴스가 그 출처를 알지 못한 채 우리에게 마구 흘러 들어온다. 문제는 음식처럼 정보도 살아가는 데 필수적이라 이것을 무작정 막아서기는 어렵다는 것이다. 우리는 정보가 필요하고, 따라서 그것을 잘 다룰 수 있어야 한다. 정보 속에 파묻힐 것인가, 아니면 그 속에서 자유롭게 헤엄칠 것인가? 수많은 정보와 지식에서 자유로워지려면 이를 어떻게 흡수할지 단순화하는 과정이 필요하다.

인생에서 중요한 6가지만 기억하라

지식에 집중할 수 있는 여섯 가지 방법이다. 지식을 어떻게 더 많이, 잘 소화하면서 소비할지 알려준다.

- **신뢰** 허구와 진실을 어떻게 구별할까.
- **지혜** 진정한 가치는 경험에서 나온다.
- **알고 있으나 모르는 것** 지금 미래를 어떻게 상상하는가.
- **배움** 선생님이 되어보고 학생도 되어본다.
- **큐레이트** 지식 대시보드로 정보 비만을 치료하자.
- **기억** 우리의 작업 기억에는 한계가 있다.

신뢰

거대한 낙타거미

이라크 전쟁이 벌어지는 동안 1차 걸프전 참전 미군이 거대한 낙타거미를 만났다는 소식이 돌기 시작했는데, 이 '뉴스'가 곧 사실로 '알려졌다.' 이것이 현재 '딥페이크'로 알려진 기술의 시작으로 한 군인이 들고 있는 거미가 특정 앵글에서 특히나 커보였는데, 이 사진이 돌고 돈 것이다. 나중엔 이 거미가 피일목에 속하고, 아무리 큰 중동 낙타거미조차도 사람의 발밑에 쉽게

깔려 죽는다는 사실이 밝혀졌다.[3]

루머와 가십이 새로운 현상은 아니지만, 인터넷이 생기면서 우리가 알게 된 소식을 신뢰하는 일이 더욱 어려워진 것은 확실하다. 신뢰는 눈에 보이지 않지만 우리 삶과 매우 밀접하게 연결되어 있다. 알고 있는 어떤 대상, 예컨대 비행기가 안전하다는 사실을 신뢰하지 못한다면, 비행기에 오르는 일이 불안할 것이다. 말콤 글래드웰Malcolm Gladwell은 그의 훌륭한 저서 『타인의 해석Talking to Strangers』에서 어떤 이가 범죄자라고 판단될 경우 그 사람에 대한 행동은 달라질 수밖에 없다고 전했다.[4]

영국 저널리스트 제이미 바틀릿Jamie Bartlett은 인터넷 시대의 인간 행동을 연구했으며, 〈사라진 암호화폐 여왕The Missing Cryptoquee〉이라는 BBC 팟캐스트 시리즈를 만들었다. 이 시리즈는 루자 이그나토바 박사가 원코인OneCoin이라는 걸 만들어 수백만 명의 사람들에게 가짜 피라미드 구조에 투자하도록 설득한 실화를 다뤘다.[5] 이 이야기는 작가 마거릿 헤퍼넌Margaret Heffernan이 일명 '자발적 맹목wilful blindness'이라고 부른 것의 예다. 사람들은 똑똑해 보이는 많은 사람들의 겉치레와 복잡하여 이해하기 힘든, 그래서 더 나아 보이는 이야기를 신뢰했다.

리셋의 마지막 원칙인 알아차리기 개념으로 돌아가 보자. 당신은 어떠한 지식의 출처를 제대로 추적할 수 있는가? 또는 그 출처를 신뢰할 수 있는가? 값비싼 옷을 두룬 카리스마 넘치는 루자 이그나토바 박사가 《포브스》지 커버에 실렸다. 그런데 좀 더 자세히 들여다보면 그것은 편집커버처럼 보이게 하기 위해 《포브스》지의 이미지를 조작해 넣은 것임을 알 수 있다. 인터넷에서는 무엇이든 빠르게 퍼져서 허구도 마치 사실처럼 보일 수 있다. 심리학자 로버트 치알디니Robert Cialdini는 이를 두고 '사회적 증거social proof'라고 불렀다. 사람들은 다른 사람들이 믿는 걸 믿고, 그 행동을 이어간다는 것이다.[6]

이게 정보의 문제일 때, 특히 다른 사람이 당신으로 하여금 그 정보를 믿어야 한다고 설득할 때, 심플함을 유지하기를 바란다. 내가 이 정보를 믿는 이유가 무엇인가, 내가 제대로 잘 알고 있는 사람 또는 정보인 게 맞는가? 나의 직감이 이 정보를 이해하기엔 너무 복잡하다고 말하고 있진 않은가? 뭐라 딱 잡아 말할 순 없지만 빨간색 경고등에 불이 들어왔는가? 확신이 없으면서도 우리는 너무나 자주 다른 사람들과 동조하려고 서두른다.

말 위의 등자

폴 애쉬크로프트Paul Ashcroft와 개릭 존스Garrick Jones은 『얼라이브Alive』에서 "말 위의 등자는 몽골이 전략적 이점을 취하게 해준 기술"이라고 설명했다. 등자는 작은 발판을 안장에 연결한 것인데, 고대 중국에서 처음 발명되어 문명 발전을 가속화했다.[7] 의사소통, 교통, 복지는 모두 말이나 노새와 같은 동물들을 제어하는 능력을 통해 발전했다. 인류 역사에서 말이 얼마나 중요한 역할을 했는지는 다들 알고 있을 텐데, 그 역사의 방향을 이 등자가 바꿨다는 사실은 잘 알려지지 않았다.[8] 분명 누군가가 처음 등자를 장착했을 것이고, 주변으로부터 신뢰를 얻으면서 지금까지 이어져왔을 것이다.

나는 당신이 유용한 지식(등자)과 거짓이지만 유쾌한 지식(사막 낙타거미에 의해 겁먹은 군인), 그리고 그 외의 것들을 구분하기를 바란다. 지식은 사실일 수도 있고, 사실이 아닐 수도 있다. 이를 구분해내는 자신만의 방식을 길러야 한다.

잘못된 기억

훌륭한 저널리스트이자 평론가인 월터 리프먼Walter Lippmann은 "거짓을 알아차릴 수단이 없는 공동체에 자유란 있을 수 없다"고 말했다.[9] 저널리즘 자체는 '역사의 초안'일 뿐이라는 사실은 맞지만, 미디어에서 다루는 정보는 랜덤한 트윗이나 규제되지 않은 페이스북 광고보다는 훨씬 꼼꼼하게 체크해야 한다. 이것은 정말 중요한 이야기다. 하지만 누구나 자신이 하는 말은 사실이라고 생각하는 것이 문제다. 자신이 한 말이 실상은 사실이 아니어서 다른 이가 잘못된 길로 간다면 어떨까?

9·11 테러 사건 이후에 시행됐던 유명한 심리 조사를 아마 알고 있을 것이다. 몇백 명의 사람들이 '잘못된 기억 증후군'을

겪었고, 테러 당시 본인이 어디에 있었는지를 잘못 기억하고 있었으며, 1년이 지났을 때는 기억이 크게 달라져 있었다. 당신이 확실히 그것은 진실이라고 신뢰하더라도 진실이 아닐 수 있다.

이 책이 확인할 수 있는 정보만 제시하는 것은 아니다. 진실인지 체크할 수 없거나 규제할 수 없는, 나만의 의견을 제시하기도 한다. 다만 내가 진지한 자세로 임했고 내가 엮은 사실들이 합리적인 맥락이라는 점을 믿어주었으면 한다.

유명한 스타들은 신문과 뉴스 매체에서 해설자나 칼럼니스트 역할을 하며 뉴스 자체보다 그들의 말과 견해에 사람들을 집중하게 만든다. 그래서 이들은 평의원보다 더 많은 보수와 관심을 받는다. 이게 바로 정보와 지식이 한결 더 복잡해지는 이유다.

여기에 단순화 원칙을 적용해보자. 먼저 당신이 보고 들은 의견을 더 단순하게 만들기 위해 그 의견을 둘러싼 맥락을 차근차근 풀어나가는 것부터 시작할 수 있다. 달리 말해, 간단한 질문을 해보라. 이런 의견을 말하는 이유는 무엇인가? 왜 지금인가? 왜 다른 견해가 아닌 이 견해인가? 자신의 의견을 말할 때 대상을 어떻게 해석할지 또 그것을 믿을 것인지 말 것인지 선택할 수 있다는 사실을 종종 간과하곤 한다. 그런데 이렇게 질문을 던지면 그런 착각을 하지 않고 심플하게 생각할 수 있다.

지혜

지식노동자

연구 결과에 따르면, 우리 중 6분의 1은 지식노동자다.[10] 지식노동자들이 사용하는 많은 것들이 제도적 지식인데, 이것이 한 사람이 회사를 떠날 때마다 인사팀에서 그 자리를 바로바로 채울 수 없어 골머리를 썩는 이유다. 달리 말해, 지혜는 바로 대체할 수 있는 게 아니라는 뜻이다.

꿀벌들은 식량을 구하러 꽃과 꽃가루를 찾아나설 때 자신들의 지혜를 이용한다. 최고의 장소를 정찰해 고른 다음 더듬이를 활용해 다른 동료들에게 정보를 전달한다. 이때 전달되는 정보는 꽃가루를 어떻게 채취하는지, 어떻게 집으로 돌아가면 되는지 등이다. 벌에 관해 쓴 책 중 내가 가장 좋아하는 책은 1919년 티크너 에드워즈Tickner Edwardes라는 잉글랜드 남동부의 한 성직자가 쓴 『꿀벌에 대한 지식The Lore of the Honeybee』으로, 벌에 대한 그의 열정은 실로 대단했다. 그는 이렇게 말했다.

"벌의 세계가 시작된 이래로 벌에 관한 모든 지식의 총체가 대물림되어 공동의 지적 능력이 되었다."

지혜의 사전적 정의는 다음과 같다. "경험과 지식을 합리적인 결정이나 판단을 하기 위해 사용할 수 있는 능력." 이러한 지혜는 지식에서 한 발 더 나아간 개념이다. 어쩌면 이것이 인간

인생에서 중요한 6가지만 기억하라

이 기계보다 우위에 있는 이유일 것이다. 인공지능이 얼마나 발전했든 간에 인간은 여전히 실제 세상에서 얻은 경험과 감각을 토대로 판단한다는 면에서, 기계보다 여전히 한 걸음 앞서 있다. 내면의 직관적인 지혜를 우리는 여섯 번째 감각이라고 부르곤 하지만, 지식에 기반한 외부적인 지혜는 정의하는 것조차 쉽지 않다.

지혜는 급유 펌프에서 빼내는 가스 같은 것이 아니라서 양이나 무게가 없다. 점차 만들어지고 겹겹이 쌓일 뿐이다. 이런 면에서 지혜는 소프트한 지식에 속한다고 볼 수 있다. 지혜의 경계선은 뚜렷하지 않으며, 가치를 매길 수도 없다. 정부 보안 서비스는 대부분 사람들이 이해는 하면서도 증명은 하지 못하고, 그러나 여전히 안다고는 말하는 소프트한 지식의 시장에서 이루어진다. 실제로 반테러 캠페인들은 종종 대중들에게 '뭔가 잘못되는 것 같은' 일에 대한 내면의 지혜를 믿으라고 외치곤 한다.

이는 단순화 원칙의 핵심과도 연결된다. 말로 정확히 표현하진 못해도 무언가 알고 있는 것 같은가? 무엇을 느끼고, 무엇을 감지하는가? 무엇을 경험했는가? 여기서 다시 한번 벌이 되어 보자. 벌이 되어 더듬이를 사용하는 것이다. 당신의 여섯 번째 감각을 활용하라. 그걸 회의실이든 카페든 미팅 룸에서든 사용해보자. 이미 알고 있는 것을 꺼내 보는 것이다. 나는 종종 젊

은 사람들이나 경력이 짧은 사람들이 스스로 얼마나 지혜로운
지 깨닫지 못하는 경우를 보곤 한다. 나는 대학을 나오지 않았
지만 여러 일을 하면서 배운 것을 연결하는 법을 알아갔고(정말
이상한 업무도 있었다), 스스로 학습했는데(많이 읽고 보았으며, 수
많은 멘토를 거쳤다), 지혜로워지기 위해서는 일단 참여하는 것
이 먼저다.

퀴즈쇼의 전략

〈누가 백만장자가 되고 싶은가Who Wants to be a Millionaire〉라는
프로그램은 전 세계 언어의 3분의 2인 160개 언어로 방영되었
다. 시청자들은 참가자들의 모습을 보면서 함께 퀴즈를 풀어가
는 재미를 누렸다. 인터넷이 없던 시절, 최초의 TV 퀴즈쇼는
〈스펠링 비Spelling Bee〉이다. 나도 어릴 적 지식을 뽐내는 TV 프로
그램을 보며 자랐다. 〈마스터마인드Mastermind〉에서는 참가자를
의자에 앉혀 놓고 엄격한 질문자가 매우 빠르게 질문을 하며 참
가자의 지식을 테스트했고, 〈유니버시티 챌린지University Challenge〉
에서는 사람들을 모아놓고 서로 경쟁할 기회를 주었다. 재미의
포인트는 참가자들이 얼마나 멍청한지 또는 얼마나 똑똑한지를
보는 거였다. 이 퀴즈쇼들을 이끈 진행자들은 백만장자가 되었
다. 미국에서 방영된 〈패밀리 퓨드Family Feuds〉의 진행자인 스티
브 하비는 무려 4,400만 달러를 벌어들였다.

이러한 프로그램을 이끈 실제 힘은 무엇이었을까? 이 퀴즈쇼의 방식은 확실한 사실을 두고 그렇다/아니다 또는 몇 개의 간단한 선택지를 주는 거였다. 복잡한 세상에서 심플함을 원하는 사람들이 너무나 많기에 이런 퀴즈쇼가 큰 인기를 누리는 것이다. 사람들은 종종 선택지를 제한하고, 그중에서 답을 고르고 싶어 한다.

이 퀴즈쇼 기술을 우리의 인생에 적용해볼 수 있다. 즉, 때로는 마치 선택지가 무한한듯 보여도 그렇지 않고, 우리가 집중할 수 있는 선택지가 존재한다는 사실을 상기하는 것이다. 마치 퀴즈쇼처럼 '나의 최종 해답은 무엇인가?'라고 스스로에게 물어보자. 그리고 이미 알고 있는 것들 내에서 빨리 선택하고 결정하도록 자신에게 요구하는 것이다. 심플한 이 훈련법은 아주 좋은 효과를 낼 수 있다. 이것은 우리를 우리가 알지 못하는 출렁거리는 지식의 바다로 인도할 것이다.

모른다는 것을 아는 것

다들 아시다시피, 안다고 알고 있는 게 있습니다. 내가 알고 있다는 사실을 아는 것이죠. 또 모른다고 알고 있는 것도 있습니다. 즉, 모르는 게 있다는 것을 아는 상태를 말하죠.[11]

도널드 럼스펠드 Donald Rumsfeld

보지 못한 위험

처음 도널드 럼스펠드의 말을 들은 이후 '알지 못한다는 것을 안다'는 개념에 대해 생각을 멈출 수 없었고, 종래엔 왜 그랬는지 깨달았다. 미군 최고위직에 있는 그의 입에서 흘러나온 이 재미있고 복잡한 말 속에는 분명 진지한 무언가가 있었기 때문이다. 럼스펠드는 알고 있었던 것이다. 가끔 우리는 우리가 실제로는 이미 알고 있는데도 모르는 것이 있다고 생각하곤 한다. 복잡함 속에 숨겨져 있어서 우리가 주목하지 못하는 것인데 말이다. 또는 맹목적인 믿음 때문에 결국 생각하지 못하고 이렇게 묻는다.

"일어나지 않기를 바라고 또 일어나지 않을 것이라고 생각하는데도 일어날까?"

대부분 복잡함 때문에 갖게 되는 이러한 태도는 상황에 따라 치명적일 수 있다. 나사의 컬럼비아호 우주왕복선 사건이 대표적 사례이다.

"컬럼비아호는 훌륭한 성능을 자랑하는 멋진 왕복선입니다."

2003년 2월, 우주비행사 한 명이 정상적으로 착륙하고 있는 컬럼비아호 안에서 카메라에 대고 행복한 표정으로 말했다. 하지만 몇 분 후, BBC의 말마따나 "아무도 일어날 거라고 상상하지 못했지만", 갑자기 왕복선이 파열되고 조금 전까지 카메라로 영상을 찍고 있던 우주비행사와 다른 여섯 명의 비행사들이 사망했다. 원인은 발포체가 균일하게 도포되지 못해 선체 날개에 결함이 생긴 것으로 밝혀졌다. 완전히 사고였다.

하지만 다른 사실도 있었다. 이런 엔지니어링 문제가 사전 시뮬레이션에서 논의되었다는 증거가 나온 것이다.[12] 누군가는 이런 일이 발생할 거라고 예측했다는 뜻이고, 그럼에도 불구하고 실제로는 일어나지 않을 거라고 생각한 것이었다. 그 시나리오는 운명적인 비행을 하기 몇 달 전에 나사에서 이미 발표되었다. 데이터는 파워포인트에 포함되어 있었고, 거기에 주목하는 사람은 거의 없었다.[13,14] 불빛이 흐릿한 회의실 안, 너무나 많은 정보가 쏟아져 들어와 듣는 사람들이 미처 다 처리하지 못한 것이었다.

결국 '파워포인트에 파묻혀 죽겠다'라는 지루한 미팅에 쓰이던 표현은 비행사들이 사망하면서 비극적인 현실이 되어버렸다. 토르켈 클링베르그가 『넘치는 뇌』에서 말한 구절을 다시 생각해보자.

"정보의 급류가 시작되면 우리가 습득할 것으로 예상되는 데이터의 양뿐 아니라 끊어내야 할 양도 같이 늘어난다."

컬럼비아호의 마지막 몇 분이 기록된 조종실의 영상은 차마 보기가 힘들다. 그 조종사는 자신이 조종하고 있는 우주선이 다시 땅에 잘 착륙하리라 믿었을 것이다. 그게 아니라는 걸 깨닫기까지는 오랜 시간이 걸렸다. 그리고 이를 깨닫는 순간, 그들은 공포에 떨며 얼어버렸다. 그 위험이 현실화되면 그것이 얼마나 위험할지는 알고 있었던 것이다.

우리는 할 수 있는 한 모르는 것이 뭔지 상상하고 예측해야 한다. 또한 너무 많은 정보가 가장 중요한 사실을 가릴 수 있다는 점을 기억해야 한다. 각자의 상황을 떠올려 보자. 나무를 보기 위해 숲을 볼 수 있는가? 다른 정보들 사이에 숨어 있는 중요한 정보를 인식하도록 깨어 있는가? 그렇지 못한 상태라면 시스템, 프로세스 또는 방대한 정보의 양을 단순화해서 모른다고 알고 있는 것을 밝혀낼 수 있는가?

심플한 발견

> 때로는 이미 가지고 있는 것을 활용해서 매우 심플한 실험과 매우 심플한 발견을 한다.
>
> 안드레 가임Andre Geim

이제 밝은 이야기로 넘어가 보자. 안드레 가임과 콘스탄틴 노보셀로프Konstantin Novoselov는 세계에서 가장 얇고 가장 강한 물질인 그래핀을 발견하여 노벨 물리학상을 받았다. 이 엄청난 상을 안겨준 연구에 대해 인터뷰를 했을 때, 안드레 가임은 이렇게 말했다.

인생에서 중요한 6가지만 기억하라

"매일 같은 주제를 연구하는 건 매우 지루했어요. 그래서 전 연구를 할 때마다 우리가 가지고 있는 연구 시설과 지식을 활용해 할 수 있는 다른 것도 없나 늘 살펴보곤 했죠. 제가 뭘 하든, 심지어 그래핀에 몰두해 있을 때도, 저는 '좋아, 이 연구가 다른 데는 어떻게 쓰일 수 있을까?'라고 생각하곤 했어요. 그리고 대부분의 경우 뭔가 매우 기초적인 것을 시도하고 거기서 특정한 또는 다른 방향으로 나아간 실험을 하게 되는 것이죠. 100번 중 99번은 성공하지 못합니다만, 때때로 매우 간단한 실험을 통해 매우 간단한 발견을 하게 될 때가 있어요."[15]

육각형 행동원칙의 얼마나 멋진 예인가! 뭔가를 고치기 위해 기초적인 것을 적용하고 단순함을 취하는 것이다. 그래핀 자체와 탄소가 육각형과 6개의 원소로 묶여 있다는 사실도 놀랍다. 그래핀은, 주기율표상 원자번호가 6번이고 원자핵 안에 6개의 양성자와 외부에 6개의 전자를 가지고 있는 탄소로 이루어져 있다. 우리 인간의 몸의 절반은 탄소다. 탄소의 한 형태인 흑연은 결정 형태의 탄소이며 육각 구조로 되어 있다. 흑연으로 다이아몬드에서 태양 전지판까지 만들 수 있다. 이 흑연에서 그래핀이 나오는데, 그래핀은 탄소 원자 한 개 두께로 이루어진 막으로, 이 역시 육각 격자 배열로 강철보다 200배나 더 강하다. 그러면서도 세상에 현존하는 물질 중 가장 얇다. 노벨상을 수상

할 만한 이 발견 이후로 DNA 염기서열, 물 필터, 에너지 생성 및 배터리에 대해 가지고 있던 기존의 지식이 모조리 바뀌었다. 스포츠 분야에서도 천재 테니스 소녀 코리 가우프가 그래핀으로 만든 테니스 라켓을 사용하기 시작했다.

행운에 속지 마라

나심 니콜라스 탈레브 뉴욕대 교수는 전혀 예상치 못한 사건이 일어나는 현상을 말하는 '블랙 스완' 이론으로 유명하다. 또한 그는 무작위성과 자신이 알지 못한다는 사실을 어떻게 깨달을지에 대해서도 훌륭한 글을 써왔다. 그는 『행운에 속지마라 Fooled by Randomness』에서 이렇게 말했다.

"확률이라는 것은 단순히 주사위를 던졌을 때 나올 경우의 수나 거기서 파생되는 복잡한 변형형을 계산하는 것이 아니다. 확률은 우리의 지식에 대한 확신이 부족함을 받아들이고 우리의 무지를 다루는 방법을 발전시키는 것이다."[16]

이는 중국인들이 갖는 '흐름'이라는 믿음과도 통한다(중국에서 왜 숫자 6이 행운의 숫자인지 알 수 있을 것 같다. 숫자 6이 중국어로 모든 게 잘 흘러갈 거라는 뜻인 '흐름'이라는 단어와 발음이 유사하기 때문이다).

인생에서 중요한 6가지만 기억하라

예측할 수 있었던 것을 놓치는 건 변명할 수 없는 실수이다. 하지만 알 수 없었던 것을 알지 못한 건 충분히 이해할 수 있는 일이다. 그리고 이 둘은 분명 다르다. 그러니 아직 발견하지 못했거나 미처 생각하지 못한 것이 드러나는 걸 두려워하지 말기를 바란다. 어쩌면 더 많이 알아야 하는 것일 수도 있다. 다시 옛날처럼 학생이 되어볼 때일지도 모른다.

배 움

인생 대학

나는 대학을 나오지 않았지만, 지금은 교수다. 어떻게 그럴 수 있었을까? 이야기는 긴데, 나는 런던 카스경영대학원의 명예 객원교수로 가르치는 일보다는 작은 개인 비즈니스를 운영하고 책을 쓰거나 강연하는 일을 더 많이 한다.

여기서 예전 내 학업 실패에 관한 이야기는 다루지 않을 테지만, 나의 부모님은 분명 내 걱정으로 머리카락을 몇 번이고 쥐어뜯으셨을 것이다. 나는 뭔가에 집중하기도 어려워했지만, 그보다 다른 대상들과 연결되는 걸 더 힘들어했다. 학교의 시험 시스템이 너무 어렵고 힘들다고 생각했다. 이제 아이를 다섯 명이나 키우다 보니, 학교 시험을 잘 보는 것도 정상이고 나처럼 지루해하는 것 역시 정상이라는 걸 알았다.

　나는 대학교에 가는 대신 출판 업계에 발을 디디며 많은 것들을 배워갔다. 당시 그건 일반적인 절차는 아니었다. 친구들은 대부분 좋은 직업으로 가는 필수 절차인 학위를 따거나 나아가 두 번째 학위까지 따곤 했다. 나의 초기 경력을 되돌아보면, 당시 나는 나만의 터널을 만들기 위해 지면을 뚫고 아래로 파고 들어가는 조그마한 생물체였던 것 같다. 출판, TV, 정치, 홍보 분야에서 조금씩 일을 했고, 그 결과 오늘날 나는 프리랜서로 우뚝 서게 되었다.

　중요한 건 대학에서 정해진 기간 동안 배우는 구조화된 전공 학습만큼 실제 직업 현장에서 새로운 자격 요건과 경험을 축적하는 것도 좋다는 사실이다. 물론 그건 무엇을 배우는가, 또 하루 일과와 결합될 수 있는가의 여부에 따라 달라질 것이다. 예컨대 다운로드 받은 파일이 좋은 선생님에게 배우는 것과 같은 효과를 준다고 생각해서는 안 된다. 그러나 MOOC(massive open online courses, 개방형 온라인 강좌)와 인터넷을 통한 원격 강의 등은 효과가 있다. 직장에서의 '디지털 학업'은 일과 병행할 수 있는 유연한 학습 방법을 제공해준다. 한 가지 명심할 게 있다. 세상은 너무나 빨리 변화하고, 기회의 사다리는 너무나 제한되어 있기 때문에 어쩌면 오랜 시간 배우는 것보다는 빨리 현장에 뛰어들어 일을 배우는 것이 합리적일 수 있다는 것이다.

교육, 삶, 학습은 끝나지 않으니 말이다.

스스로 치유하라

나는 이 책을 "뛰어난 벌만이 자신이 알고 있는 것을 가르칠 수 있다"라는 『벌들의 마음』의 구절을 인용하며 시작했는데, 나 역시 가르치는 일을 하며, 배운 것을 공유하고, 전하기를 즐긴다. 좋은 선생이 되기 위해서는 좋은 학생이 되어야 한다. 아버지께서 돌아가시고, 남편이 2년간 아버지가 가지고 계신 책, 논문, 기사 등을 정리해서 대부분을 여러 대학의 기록 보관소에 나눠 보냈다. 아버지는 읽기를 매우 좋아하셨고, 평생 배움을 멈추지 않으셨다. 아버지의 유품 중 일부는 우리 집 책장에 있는데, 그중 몇 권은 학생인 첫째 아들이 읽고 있다.

아버지께서 돌아가시고 나서 브라질의 한 학교 학생들이 기숙사 외벽에 "홉스봄 만세!"라고 쓴 현수막을 걸었다는 이야기를 전해 들었다. 아버지께서 떠났어도 여기 남아 있는 것 같았다. 그건 학자에게 최고의 선물일 것이다.

소프트 기술 혁명

평생교육이라는 말은 끊임없이 기술을 연마하고 학습해야 한다는 사실을 시사한다. 글로벌 비즈니스 컨설팅 업체인 맥킨지는 대기업 리더의 80퍼센트 이상이 '기술 격차'를 해소하기 위해 전체 인력의 절반에게 재교육과 기술 재훈련을 실시해야 한다고 생각한다는 발표를 내놨다.[17] 오늘날 기술에 관해서는 하드 기술과 소프트 기술로 나눌 수 있다. 하드 기술은 직무에 특정한 구체적인 기술로 실제로 업무를 수행하는 데 필요한 기술이다. 하드 기술의 변화는 계속해서 일어나고 있어서 21세기에도 재교육이 필요하다.

또 다른 기술은 바로 소프트 기술이다. 아이컨택에서부터 공감력, 문제해결 능력, 팀워크, 신뢰성, 적응력까지 이러한 능력들은 로봇화, 자동화되는 이 시대에 우리를 인간답게 만들어주는 기술이자 원한다면 배우고 향상시킬 수 있는 능력들이다. 인공지능이 인간이 터득해온 수많은 기술을 대체하는 현대 사회에서 IBM, 구글, EY, 힐튼과 같이 세계의 유수 기업들은 신입 사원을 뽑을 때 학위 대신 소프트 기술을 요구하기 시작했다.

그렇다면 소프트 기술은 어떻게 향상될 수 있을까? 물론 일부는 타고나기도 한다. 소프트 기술에 대해서는 앞서 소개한 오션 성격 테스트를 통해서도 알아볼 수 있다. 예를 들어 내향성과 외향성 사이 스펙트럼에서 내가 어디에 위치하는지, 적응력을 지니고 있는지 등을 알아보면 된다. 물론 이러한 소프트 기술은 배울 수도 있다. 경험하고 따라 하고 학습하고 실천해보는 것이다. 그렇게 확보한 소프트 기술은 직장에서 큰 가치를 발휘한다.

영국 기업들의 멘토 데이비드 카터David C. M. Carter가 설립한 큐두즈Qdooz는 자신만의 특성과 강점을 고려해 소프트 기술 능력을 끌어올릴 수 있도록 도와준다. 큐두즈는 소프트 기술로 평생 버는 소득을 최대 14퍼센트까지 올릴 수 있다는 점을 강조했다. 영국 경영진을 대상으로 시행된 한 설문조사에서 전체 응답자의 92퍼센트가 새로운 직원을 뽑을 때 소프트 기술을 중요시한다고 전했다. 이를 바탕으로 소프트 기술의 지표를 선정했는데, 집중, 신뢰성 요소가 상위에 있었다.[18]

이 요소들은 매우 중요한 의미를 지닌다. 고용주들이 원하는 건 결국 생산성이다. 그들에게는 당신이 무엇을 알고 있는지뿐만 아니라 무엇을 어떻게 하고 있는지가 중요하다.

동기를 확인하라

동기는 생산성을 측정하기에 가장 좋은 방법이다. 1950년대부터 근로자들의 동기 부여가 높을수록 생산성이 높아진다는 연구가 쏟아져 나왔지만, 나는 몇 년 전에 가나에서 발표된 논문을 예로 들고자 한다. 연구원들은 500여 명의 교사진을 대상으로 연구를 진행했는데 그중 80퍼센트가 그들의 성과와 동기가 관련되어 있었다.[19] 연구자들은 동기 부여의 첫 번째 모습으로 '매니저를 통한 동기 부여'를 들었다. 당신이 다른 사람을 관리하는 매니저라면, 가장 단순하고 효과적인 동기 부여는 무엇이라고 생각하는가? 그것은 바로 자신이 무엇을 하고 있는지, 그 일로부터 무엇을 기대할 수 있는지, 또 합리적으로 일하고 있는지를 알고 있는 것이다.

아주 단순하게 생각하면 된다. 동기를 가지면 생산성을 향상시킬 수 있다. 무언가를 배우고 싶다면, 그 동기가 학습을 도와줄 것이고, 가르치고 싶다면 역시 그 동기가 교육을 도와줄 것이다.

큐레이트

지식 대시보드

'지식 대시보드'는 워크숍 그룹이 지식의 수많은 서로 다른 출처들을 어떻게 다뤄야 할지 돕기 위해 내가 개발한 것이다. 400그램의 과일과 채소를 하루 다섯 번에 걸쳐 섭취하자는 건강한 식습관 캠페인처럼 매일 정해진 시간에 자신의 조직 또는 개인적인 부분에서 지식을 건강하게 취하자는 취지이다. 그렇다면 지식 대시보드는 어떤 모습일까? 아마 당신은 앞서 말한, 저널리즘에서 중요하게 생각하는 여섯 가지 정보 요소(누가, 무엇을, 왜, 어디서, 언제+지혜)를 떠올릴 것이다. 이를 지식 대시보드에 적용해보자.

인생에서 중요한 6가지만 기억하라

우리가 비만을 예방하기 위해 식사량을 조절하고 운동을 하듯이, 정보 비만을 예방하기 위해 해야 할 일이 있다. 바로 큐레이션이다. 큐레이션은 TMI(Too Much Information, 너무 많은 불필요한 정보)라는 지방조직을 잘라 내준다. 그리고 지식 대시보드는 마치 칼로리를 계산해주는 앱과 같은 역할을 한다.

지식 대시보드의 핵심은 다양한 지식 그룹이다. 전문 분야가 무엇이든 간에 뉴스와 오피니언에서 다루는 세 가지 주제를 고르고, 그다음으로 일반적인 엔터테인먼트 또는 내가 심플하게 '시대정신'이라고 부르는 것을 꼽아 주제들을 혼합하는 것이다. 트위터나 블로그는 호흡이 긴 글에 비하면 간식 같은 것이고, 팟캐스트나 TED 영상은 결코 책 한 권과 같을 수 없다. 지식의 유형에서 중요한 건 지식이 담긴 형식과 그 안의 내용이다. 그럼 이제 큐레이션을 어떻게 시작해야 할지 생각해보자.

선택지를 줄이다

이 책을 어떻게 읽게 됐는지 떠올려 보자. 누군가 추천해줬을 수도 있고, 서점에서 눈에 띄어 선택했을 수도 있다. 아니면 친절한 알고리즘이 '함께 읽으면 좋은 책'에 추천해줘서 선택했을 수도 있다. 이유야 어찌 됐든 이것도 다 일종의 '큐레이션'이다. 수많은 선택지 중에 추려서 제공된 것이다. 예술, 신문, 책까지 큐레이션은 지금 이 순간에도 바쁘게 작동하고 있다. 뭘 넣을지, 뭘 뺄지 수많은 선택을 거치면서 말이다.

위대한 작가 윌리엄 폴크너William Faulkner가 그랬듯, 나도 독자들에게 내가 말하고 싶은 바를 잘 전달하기 위해 문장들을 수천 번 지우고 또 지운다. 반대로 내가 읽고 있는 글들도 수많은 큐레이터의 손을 거친다는 점을 매일 느낀다. 나는 평소에 영국 뉴스룸 토터스 미디어Tortoise Media의 글, 마리아 포포바Maria Popova 편집장이 있는 브레인 피킹스Brainpickings의 글, 스트레스와 번아웃에 관해 도움을 주는 미국의 스라이브 글로벌의 글, 플립보드의 글 등을 읽는다. 이는 나 외에도 수많은 사람들이 찾는 웹사이트들이다. 뿐만 아니라 패션 매거진이나 앱도 이용한다. 그럴 때마다 나는 보이지 않는 누군가가 날 위해 '오늘의 룩'을 추천해주고 어디서 살 수 있는지 알려주리라 기대한다.

이렇게 큐레이팅을 받는 것은 많은 부분에서 도움이 된다. 하지만 누군가 큐레이팅을 해주지 않을 때, 즉 스스로 정보를 거르고 어떤 정보가 자신에게 유용할지 선택해야 할 땐 어떻게 해야 할까? 나만의 '지식 대시보드'를 어떻게 구성해 나가야 좋을까?

일단 무엇을 넣을지 알고 싶다면, 반대로 무엇을 뺄지부터 알아야 한다. 무엇에 집중할지 정하고, 이것에 함께 집중하자고 요청하기 전에 과감하게 없어도 괜찮은 것들을 빼야 한다. 회사를 한번 떠올려 보자. 상사와 이야기할 기회가 주어졌는데, 시간은 고작 15분이다. 하고 싶은 말을 전부 쏟아내고 싶겠지만,

그럴 수는 없다. 시간이 너무 짧기 때문이다. 이러한 상황에서 말할 목록에 무엇을 넣을 것인가?

다시 컬럼비아호 사건으로 돌아가 보자. 당시에 사용한 파워포인트 슬라이드에는 엄청난 양의 정보가 넘쳐흐르고 있었다. 너무 많았고, 너무 어수선했다. 전부 중요한 정보라고 생각해서 슬라이드에 넣었겠지만, 결과적으로 소화할 수 없는 자료가 되어버렸다.

나도 강연을 하면서 청중들에게 자료를 보여줄 때 파워포인트를 사용한다. 수많은 강연 경험을 통해 배운 것은 바로 청중의 주목을 끌기 위해서는 단순한 구성이 효과적이라는 사실이다. 책의 초반부에서 언급했듯이, 나는 정보를 전달하기에 가장 좋은 방법을 찾기 위해 수많은 테스트를 했다. 그렇게 찾아낸 일명 육각형 개념을 실제 육각형 모형에 적용해 공유해보니 꽤 효과가 좋았다. 절대 어수선하거나 복잡하지 않다. 이 원칙을 따르면 말하고자 하는 요점이 자연스럽게 드러난다. 말을 고르고 큐레이팅하는 이 복잡한 과정을 비교적 쉽게 끝낼 수 있는 것이다. 물론 강연을 할 때는 파워포인트에 담은 정보뿐 아니라 더 많은 내용을 나눈다.

사람들은 사실 한정된 정도의 주의만 기울일 수 있다. 이 단순화 원칙이 효율성을 위해 무엇을 버려야 할지 정확히 알려줄 것이다.

기억

6일 전쟁

어느 날 친구가 피커딜리 서커스 광장 한가운데에 서서 부르짖었다.

"6일 전쟁(제3차 중동 전쟁)이 도대체 언제 일어난 거야!!"

상식 퀴즈 때문이 아니라 바로 6일 전쟁이 일어난 해가 은행 비밀번호였기 때문이다(답은 1967년이다). 점점 기억해야 할 비밀번호가 많아지고 있다. 그렇다고 사이버 도용에 대한 불안감이 줄어들고 있지도 않다. 로그인을 해야 하는데 비밀번호가 떠오르지 않거나 노트북에서는 잘만 되던 다운로드가 갑자기 태블릿에서 안 될 때, 내 심장 박동 수와 스트레스 지수는 바로 반응한다.

이러한 현실을 고려하면 우리에겐 기억이라는 문제를 다루기 위한 신선한 전략이 시급하다. 어떤 것을 심플하게 유지하는 것은 확실한 전략이 될 수 있다. 더 많은 기기, 더 많은 플랫폼, 더 많은 소프트웨어 프로그램, 더 많은 업그레이드, 더 많은 비밀번호는 나쁜 종류의 스트레스를 양산하기에 딱 좋다. 고혈압이 생길지도 모른다. 그러니 작업 기억에는 한계가 있다는 사실을 염두에 두고 생활하기를 바란다.

알츠하이머 연구자들은 살면서 알츠하이머와 유사한 증상

을 유발시키는 스트레스적 상황(장기 실업, 빚, 성폭행 등)이 매우 많다고 말했다. 또 지속적인 과업 전환으로 뇌에 과부하를 주는 것 역시 알츠하이머와 유사한 뇌 스트레스를 유발한다고 밝혔다. 예일대학교 정신의학과는 자기공명영상fMRI을 활용해서 실시간으로 뇌의 활동을 촬영한 결과 다음과 같은 결론을 내렸다.

"작업 기억 시스템의 과부하는 작업 정확도의 지속적인 감소와 작업 수행 및 부정적인 영향의 억제에 필수적인 뇌 영역의 활성화 감소와 관련이 있다."[20]

달리 말해, 우리는 너무 많은 정보를 소화해낼 수 없다. 기억하지 못할 뿐 아니라 스트레스만 받게 될 뿐이다.

기억하기 힘들다면

나는 '퍼게더바우딧fuhgeddaboudit, Forget about it'이라는 단어를 좋아한다. 이 단어는 내가 뉴욕에 있을 때 본 갱스터 영화에서 배우 로버트 드 니로가 콧소리로 말하며 뱉은 단어다. 영미권 사전 사이트 어반 딕셔너리에 따르면, 뜻은 이렇다. '그냥 잊어 버려. 그 일은 시간과 에너지, 감정을 소모할 가치가 없어.' 나는 얼마 전, 내가 뭔가를 기억해내기가 너무 힘들다면, 그건 보통 기억하기 싫거나 기억할 필요가 없거나 다른 해결책을 찾아야 하기 때문이라고 결론 내렸다. 그래서 나는 퍼게더바우덧하기로 했다. 당신은 이 단어가 KISS에 버금가는 단순화 원칙을 잘 설명해주는 캐치프레이즈라고 생각할지도 모른다.

머리에 무언가를 더 넣어야 한다고 생각하지 말기를 바란다. 대신에 자신이 지금 필요한 것만 잘 기억하고 있다고 믿어라. 우리의 몸은 경험을 기억한다. 예를 들어 나는 둘째 아이를 분만하러 들어가던 때를 생생하게 기억한다. 그때 난 '오, 나 지금 이 순간이 기억나는 것 같아. 딱 그 느낌이야. 조금 이따가 무슨 일이 일어날지 알 것 같아'라고 생각했다. 당신은 당연하다고 생각할 수 있겠지만, 나는 첫째 아이를 매우 어렵게 낳았고, 그래서 기억나는 게 그다지 많지 않다. 게다가 둘째 아이를 낳을 때 이틀간 유도 분만을 했기 때문에 첫째 때와는 상황이 달랐다. 그런데도 오래전에 겪었던 첫째 아이의 출산 경험이 되살아나면서 나의 몸(사실상 나의 뇌)이 그것을 기억한 것이다.

아마 당신이 아이를 출산한 경험이 있다면 절대 잊지 못하고, 아이의 생일 역시 잊지 못할 것이다. 나의 둘째 아이인 아노슈카는 단순함과 대칭성이 완벽한 날짜인 01.01.01.에 태어났다. 난민들 중에는 다른 국가에서 자신의 생일을 증명하지 못해서 1월 1일이 생일이 되는 경우도 있다. 마침 내가 망명자의 딸이기도 하니 딸의 생일에 대해 즐겁게 이야기한다. 게다가 기억하기도 쉽다.

복잡성이라는 커브 볼

애플은 유럽에서 서머 타임이 시작될 때 구형 모델 사용자들에게 경고 문구가 담긴 안내를 해야 했다. 프로그램에 결함이 있어서 시간의 변화를 수동으로 맞춰주지 않으면 온라인에 연결되는 법을 기기가 기억하지 못하기 때문이었다. 그런데 그 설명마저도 듣기에 꽤 복잡하다. 이럴 땐 컴퓨터 메모리가 사람보다 못한 것 같다. 또한 마이크로소프트는 수년간 아웃룩의 메모리를 교체하는 업데이트를 해서 고객들을 괴롭게 했다. 고객들은 찾는 대상에 따라서 검색하는 기기를 달리해야 했다. 정말 미칠 노릇이 아닌가. 나는 이런 경우를 '복잡성이라는 커브볼'이라고 부른다. 왜냐하면 별로 기대하지도 않고 필요하지도 않은데, 전자로 된 거대한 공구가 내 앞에 던져지는 느낌이기 때문이다. 어떨 땐 기분마저 좋지 않다. 그 기업들은 우리가 느끼는 복잡함과는 반대로 자신들이 얼마나 심플한 제품인지 광고하고 있기 때문이다.

커브볼은 예측할 수 없는 볼이다. 나는 우리 주변에 복잡성을 사랑하는 사람들, 즉 나와 같은 사람을 보면서 고개를 절레절레 저으며 "그래요, 단순함은 좋은 거죠. 그런데 삶이란 그리 단순하지는 않잖아요. 그렇지 않나요?"라고 말하는 사람들이 부디 복잡성이야말로 아주 거대한 커브볼과 같다는 걸 깨닫기를 바란다. 뭔가를 더 할수록 더 복잡해지게 만들 뿐이다. 복잡성 커브볼은 의도하지 않은 결과를 불러오며, 일상의 루트로부터 벗어나게 만든다.

만일 뭔가를 더 기억해야 해서 뇌가 넘쳐흐르는 지경이 되었다면, 이제 할 일은 느슨해지는 것이다. 즉, 더 적게 기억하고, 더 적게 저장하고, 더 적게 연결되는 것이다.

지식

1. **신뢰를 우선시하자.** 거짓과 사실을 구별하기 위해서는 단순해지려고 노력하고 이를 유지해야 한다. 어떤 것을 믿고 싶어서 스스로 눈을 감아버린 것은 아닌지 생각해보라. 그런 다음 한 발짝 뒤로 물러서서 믿고자 하는 것의 출처를 따라가 보자.

2. **더듬이를 사용하자.** 지혜는 경험과 느낌을 지식과 결합한다. 벌들이 더듬이를 사용하듯이 자신의 더듬이를 사용해보자. 즉, 여섯 번째 감각을 활용하는 것이다.

3. **모른다고 알고 있는 것들을 찾아보자.** 할 수 있는 한 내가 모르고 있다고 생각하는 것들을 예측하고 상상해보자. 모르는 것이 있다는 사실을 받아들이되, 무언가를 할 수 있는 가능성을 무시하는 오류를 범하지는 말자.

4. **소프트 기술 혁명에 참여하자.** 하드 기술보다 소프트 기술이 더 중요한 시대에 살고 있다. 당신은 협상을 잘하고, 대화에 능숙하며, 잘 공감할 수 있는가?

5. **지식 대시보드를 활용하자.** 무엇이 필요한지 알려면 무엇을 빼야 할지부터 정해야 한다. TMI라는 지방 조직을 잘라내도록 하자.

6. **복잡성 커브볼을 피하자.** 복잡성이라는 커브볼에 운명을 맡기기보다는 알아야 할 것과 기억할 수 있는 것들에 집중하자.

네트워크

작은 조직이 더 강력하다

> 인생을 당신과 다른 사람들로 채우십시오. 학교를 떠나는 순
> 간부터는 정해진 사람들과 함께 있는 것이 아니라 자신이 함
> 께하고 싶은 사람을 선택하게 됩니다.[1]
>
> 쿠마일 난지아니kumail Nanjani, 대학 졸업식 연설에서

인간은 사회적인 동물이다. 누구와 함께 살고 누구와 함께 일할
지, 누구를 좋아하고 싫어할지, 다른 이들과 어떻게 소통할지는
각자의 언어와 문화를 포함한 사회적 기술을 활용해 결정하게
된다. 인간의 근본적인 욕구는 단순하게도 다른 이들과 연결되
는 것이다. 일단 음식, 쉴 곳, 안전이 확보되고 나면 그다음으로
살아가기 위해 사랑을 필요로 한다.

　사회신경과학 분야의 세계적인 권위자 매튜 리버만Matthew

Lieberman은 사람의 뇌는 사회적 경험과 관련해 자신을 걱정하는 일을 끊임없이 한다고 밝혔다.[2] 그의 연구를 통해 사람들이 신체적인 고통과 매우 흡사한 정서적 고통을 경험한다는 사실이 입증되었다.

인류는 처음부터 사회적 네트워크를 가지고 있었다. 따라서 우리가 소셜 네트워크가 생겼을 때 열광하며 소통하기 시작한 것은 당연한 일이다. 지금 이 글을 쓰는 현재도 페이스북 메신저와 왓츠앱 플랫폼에서만 매일같이 600억 개의 메시지들이 교환되고 있다. 사용자들의 뇌에 도파민 불꽃과 같은 화학 작용이 일어나게 만드는 똑똑한 알고리즘 디자이너들은 사람들이 필요로 하는 것을 전자 시스템으로 복제해내는 멋진 방법을 알아낸 것이다.

글로벌 웹 인덱스 보고서에 따르면, 소셜 미디어 사용자는 평균적으로 소셜 플랫폼에서 하루에 2시간 16분의 시간을 보내며, 이는 전체 인터넷 사용 시간의 3분의 1에 해당하고 깨어 있는 시간의 7분의 1에 해당한다.[3]

이번 장의 내용이 당신이 온라인 네트워크와 오프라인 네트워크 사이의 균형을 되찾고, 인간적인 네트워킹과 인위적인 네트워킹의 차이를 구분하는 데 도움이 되길 바란다. 이들 간에는 분명한 차이가 존재한다.

사람을 포함해 거의 모든 존재는 네트워크의 법칙에 지배

된다. 우리의 교통과 인프라는 나무부터 육각형의 화학 결합(구리, 금, 납, 은은 모두 금속 중에서도 육각형 구조를 가진 금속들이다)에 이르기까지 자연에 이미 존재하던 네트워크를 반영한 것들이다.

나무는 일명 네트워크 효과라고 불리는 것을 완벽하게 보여준다. 숲을 보면 수천 그루의 나무들이 있지만, 그 아래에는 서로 연결된 나무뿌리들이 연결돼 있다. '나무 통역사'로 불리는 독일의 생태 작가 페터 볼레벤Peter Wohlleben은 과학계를 뒤흔든 그의 저서 『나무 다시 보기를 권함The Hidden Life of Trees』에서 나무들이 마치 인간처럼 관계의 네트워크에 의존해 살아간다는 점을 보여주었다.[4]

계속하여 강조하지만 벌은 사회적인 생물종이다. 사람에 비하면 몸짓이 매우 작고 우리처럼 말을 하는 것은 아니지만, 우리가 인지하고 관계를 맺는 방식으로 벌들도 서로 소통하며 살아간다(예컨대 벌들의 더듬이는 아주 정교한 자연의 센서와도 같다). 벌은 관계를 맺는데 사람만큼의 에너지를 소비하지는 않는다. 어쩌면 벌들의 네트워크가 우리에게 많은 인사이트를 줄 수 있다.

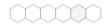

이번 장에서는 자연의 네트워크로부터 무엇을 배울 수 있을지 집중하면서 온라인 네트워크와 오프라인 네트워크에서의 차이점과 특징을 인식하고, 자신만의 네트워크를 구축하는 방법을 살펴보도록 하자.

- **의사소통의 위계** 온라인과 오프라인 사이의 균형을 찾자.
- **초개체** 인간의 조직화 능력을 믿어라.
- **직장 네트워크** 직장에서의 네트워크는 필수이다.
- **사회자본** 서로 협력하는 관계를 만들어 나간다.
- **살롱** 커피숍의 역할을 되돌리자.
- **여섯 명의 사람** 가장 중요한 여섯 명을 생각하라.

의 사 소 통 의 위 계

진실되게 행동하기

당신은 아마 상사나 동료, 룸메이트와 사랑에 빠지는 것에 대해 부정적일 수도 있다. 그런데 '사랑'을 '연결'이라는 단어로 바꿔보자. 우리는 다른 사람들과 연결되어야 한다. 그렇지 않으면 인간답게 살아가기 힘들다. 교도소에서 범죄자에게 내리는 최악의 조치는 '독방 감금'이다. 사람에게 완전히 혼자가 된다는 것은 매우 힘든 일이다.

살아남기 위해서 우리는 사회적 존재가 되어야 한다. 매튜리버만 교수는 뇌 활동 이미지 스캔 실험에서 사회적 고통과 기쁨을 인지하는 것에서부터 감정을 읽고 행동을 예측하는 것, 문화적 믿음과 규범을 읽는 것에 이르기까지 우리의 인지적 감각의 중심에 연결지점을 만드는 핵심 신경 네트워크가 있음을 발견해냈다. 그는 『소셜Social』에서 이렇게 말했다.

"사회적으로 연결되려면 사람들이 필요하다."

나는 우리가 사람들과 실시간으로 연결되는 데에 사용하거나 또는 그렇지 않은 시간에 집중할 수 있도록 의사소통 위계 모델을 만들었다.[5] 소셜 미디어에 방송을 하고 '좋아요'를 얻고 '공유'되고 '댓글'을 받으면서 많은 사람들과 연결될 수 있다. 하지만 그건 실제 사람들을 보고, 만지고, 그들의 말을 듣고, 음식을 함께 맛보는 것과 결코 같지 않다. 또한 소셜 미디어는 여섯 번째 감각인 직감을 발달시키기에 매우 좋지 않다. 댓글이나 게시물 또는 이메일은 직감을 활용하기엔 너무 딱딱한 수단들이다.

의사소통의 위계는 단순하다. 맨 꼭대기에서 아래로 갈수록 중요성이 덜해지는 피라미드 형태를 생각하면 된다.

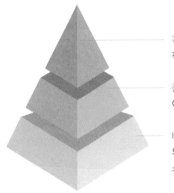

의사소통의 위계

꼭대기
직접 만나서 얼굴을 보고 목소리를 듣는 대면 의사소통

중간
이메일이나 소셜 플랫폼을 통해 주고받는 의사소통

바닥
의사소통의 대량 생산 방식으로, 메일링 시스템이나
소셜 네트워크의 방송을 통한 의사소통

대면하기

나는 소셜 미디어의 장점을 알고 있고 소셜 미디어를 자주
사용하고 있지만, 소셜 미디어는 사람과 대면하는 것보다는 열
등한 매체라고 생각한다. 옥스퍼드대학교의 진화심리학자 로
빈 던바Robin Dunbar는 일명 '던바의 수'로 불리는 이론을 발표했
다. 이는 한 사람이 맺을 수 있는 사회적 관계의 최대치는 150명
이라는 내용이다. 나는 던바 교수를 만나기 위해 옥스퍼드대학
교에 있는 그의 연구실을 방문했고, 내가 쓴 『네트워킹하는 국
가Networking Nations』에 대해 이야기를 나눴다. 마침 그는 최근에
소셜 미디어와 대면 만남을 비교하는 연구를 진행했으며, 이에
대해 다음과 같이 말했다.

"소셜 미디어는 친구들을 직접 만날 수 없는 상황에서 관계가 소원해지지 않도록 도와줍니다. 하지만 가끔이라도 얼굴을 보고 만나지 않으면 결국 친구는 '아는 누군가'가 되어버리곤 하죠. 때때로 그들의 눈을 바라보는 것이 우정을 유지하는 데 매우 결정적인 것 같습니다."[6]

물리적으로 같은 공간에 있다는 것은 분명한 이점이 있다. 일례로 한 연구에서 사람을 직접 만지거나, 특히 포옹을 하면 놀라울 정도로 스트레스가 경감되고 신뢰가 쌓인다는 결론을 도출한 적이 있다.[7] 어쩌면 당신은 회의실에서 포옹을 하거나 팔을 만지는 행동 등이 부적절하다고 생각할 수 있다. 하지만 온라인에서는 절대 일어날 수 없는 물리적인 '닿음'은 마법과 같은 효과를 내며, 이는 기계의 시대에 우리가 할 수 있는 가장 인간적인 일이다.

의사소통의 위계를 잘 살펴보면, 단순화 원칙의 핵심이 들어 있음을 알 수 있다. 즉, 상위에 있을수록 단순함을 유지하고 자연에 더 가까워지는 것이다. 인스타그램식으로 말하면 필터를 적용하지 않은 것이다. "최고의 자기 자신이 되어라"라는 말을 생각해볼 때, 인간이 자신의 사회적 자아를 온전히 보여줄 수 있다면 그게 바로 최고의 자기 자신일 수 있다.

초개체

세계에서 가장 뛰어난 교차수분

잠시 소셜 네트워크 논의에서 벗어나 자연 세계로 들어가 보자. 생물학자들은 인간이나 꿀벌과 같은 동물을 초개체라고 부른다. 초개체는 서로 협력하고 사회적으로 연결된 채 살아가는 존재를 말한다.

왕립지리협회는 식물들의 수분을 돕는 약 2만 5,000종의 벌이 지구상에서 가장 중요한 생물종이라고 선언했다. 다양한 꽃가루를 수분하는 벌들의 능력은 자연의 네트워크를 통해 식물이 번성할 수 있게 돕는다. 생명을 이어나갈 수 있게 하는 이러한 역할과 별개로 벌들은 우리의 일상에도 도움을 준다. 생물학자이자 환경보호론자인 토르 핸슨Thor Hanson은 그의 저서 『벌Buzz』[8]에서 맥도날드의 빅맥을 분석했고, 빵과 소고기를 제외하고 소스에 사용된 파프리카부터 양상추에 이르기까지 빅맥에 들어가는 모든 재료 중에서 꿀벌의 수분을 거치지 않은 것이 없다고 결론 내렸다. 이 연구의 요점은 150개가 넘는 작물에게 벌들의 수분이 필요하다는 것이었다. 만약 수분이 없다면 우리가 먹는 작물의 가짓수는 대폭 줄었을 것이다.

교차수분은 네트워크 효과를 설명하는 데 자주 사용되는 자연의 예시다. 나는 인간도 훌륭한 교차수분 주체라고 생각한다. 우리는 아이디어, 가치, 문화, 언어, 전통을 전달하고 전파한다. 이러한 것들을 공유하지 않았더라면 지금과 같은 세상을 만들지 못했을 것이다. 런던 비즈니스 스쿨 조직행동학 교수인 찰스 핸디의 공유 덕분에, 나는 그녀의 동료 학자인 셀린 케제비르Selin Kesebir의 논문을 접하게 되었다. 〈인간 사회성에 관한 초개체 설명: 인간의 집단은 벌집과 언제 어떻게 유사한가?〉라는 논문은 "조직의 어떤 레벨에서든 같은 레벨의 다른 구성원과 협력하여 힘을 합하면 엄청난 경쟁 우위를 차지할 수 있다"는 점을 지적했으며, 벌과 같이 "인간도 수천 또는 수백만 명이 집단행동을 할 수 있는 탁월한 협력자들이다"라고 말했다.[9] 이와 관련해 인간 사회의 아주 좋은 예가 있다.

와일드 보어스 축구팀 구조 작전

2018년 여름, 미얀마 국경 근처에 있는 태국 탐 루앙 동굴에 세계의 시선이 집중되었다. 깊숙한 동굴 안에는 인근 지역에 연고를 두고 있는 와일드 보어스 축구팀의 소년 선수 12명과 코치가 고립되어 있었다. 이들은 2주 전에 탐험을 하려고 동굴로 들어갔는데, 몬순 시즌에 내린 비 때문에 동굴 내부의 수위가 상승했고 입구로 나오는 길이 차단되어 고립되어버렸다. 수위는 계속 상승하고 있었고 산소는 점점 줄어갔다. 심지어 소년들 중엔 수영을 못하는 아이도 있었다. 시간은 계속 흘러갔다. 외부에서 지켜보는 사람들은 최악의 상황을 두려워하고 있었다.

이러한 상황에서 소년들을 구하기 위한 네트워크가 만들어졌다. 열흘 만에 20개 국가에서 만 명이 넘는 사람들이 모였다. 이들 중엔 명상 수련가(아이들을 진정시키기 위해), 의료인, 암벽 등반 전문가도 있었고, 해군 출신과 동굴 탐험가도 있었다. 이 네트워크에 더해서 드론, 수중 음파 탐지기, 다중 주파수에서 작동하는 최첨단 신기술뿐 아니라 1970년대 동굴 탐험에 사용되던 헤이폰까지 동원되었다. 물론 이 중에서 가장 유구한 역사를 자랑하는 기술은 인간의 조직화 능력이었다.

이는 물리학자 알버트 라즐로 바라바시Albert-László Barabási가 소개한 "규모가 정해져 있지 않은 네트워크"의 매우 놀라운 예시로 남았다. 즉, 계속해서 복제되고 확장되는 네트워크의 모습을 보여준 것이다.[10]

이 소년들은 숙련된 현지 암벽 등반 전문가가 설치해둔 도르래를 사용해서 동굴을 빠져나왔다. 번갈아 가며 도움을 받기도 하고 미끄러지기도 하고, 때로는 엄청난 양의 물이 솟구쳐 나와 위험하기도 했다. 하지만 결국 와일드 보어스 팀은 인간의 조직적인 네트워크 덕분에 구출될 수 있었다. 얼마나 감동적인 이야기인가!

직장 네트워크

네트워크의 조건

수십 년간 나는 채팅방이 아니라 실제 방에서 소셜 네트워크 분야의 일을 했고 런던 카스경영대학원의 첫 네트워킹 분야 명예 객원교수가 되었다. 당시 나는 소셜 네트워크 세계에서 대면 네트워킹이라는 아이디어가 작은 승리를 거뒀다고 생각했다. 《실험심리학 저널》에 발표된 논문은 무언가를 이메일로 요청하는 것보다 직접 만나서 요청할 때 성공 확률이 34배나 더 높다고 밝혔다.[11] 이러한 결론을 생각해보면 이메일을 보내는 사람은 너무 낙관적이다. 사람들이 전자기기를 통한 네트워킹이 대면하는 것보다 더 낫다고 착각할 땐 마치 알코올음료라도 마신 것 같다.

네트워킹은 알려진 것처럼 재미있지 않고 어렵기 때문에 일부 사람들은 스크린을 기반으로 하는 네트워킹 뒤로 숨기를 선호한다. 이유가 뭘까? 한마디로 말하면 수줍음 때문이다. 당신의 회사가 당신을 '네트워킹 이벤트'에 내보낸다면, 마치 어딘가에 내던져진 듯한 느낌이 들 것이다. 당신은 사회적인 교류를 편하게 느끼는 사람일 수도 있고 고립된 공간에서 일하는 걸 좋아하는 사람일 수도 있다. 편안한 것이 사람마다 다르다고 한다면, 성공적인 네트워킹은 어떻게 정의내릴 수 있을까? 이를 명확히 하기란 쉽지 않다. 우리는 네트워킹에 관해 서로 다른 생각을 가지고 서로 다른 말을 한다.

네트워킹을 하는 가장 좋은 방법은 주고받는다는 관점에서 생각하지 않는 것이다. 다시 말해 무엇을 얻을 수 있는가를 생각하지 않는 것이다. 대신에 누군가와 관계를 맺기 위해 어떻게 해야 하는가를 생각해야 한다. 이 차이가 매우 중요하다. 지식과 큐레이션에 관한 장에서 잠시 내용을 빌려오자면, 당신이 들어갈 방을 잘 정해야 한다. 당신의 시간은 그 무엇보다 소중하기 때문이다.

또한 나는 소위 '네트워킹하고 있다'고 광고하는 그 어떤 것도 의식적으로 피해야 한다고 말하고 싶다. 그것이야말로 관계형 사고가 아니라 거래형 사고를 의미한다. 당신이 흥미로울 것이라 기대하는 모임에 초청을 받았다면, 시간을 내는 걸 숙고해보길 바란다. 네트워크는 사람과 콘텐츠에 우선순위를 두고 진행되는 활동에서 자연스럽게 흘러나오는 것이다. 조금 사소한 문제로 보일 수 있겠지만, 나를 믿길 바란다.

숨어 있는 관계

다시 매튜 리버만이 인간의 뇌가 사랑을 먼저 고려할 뿐 아니라 사랑에 가장 많은 관심을 갖는다고 발표한 연구 결과로 돌아가 보자. 관계의 사전적 정의에는 "관계 지어지거나 상호 관련되다"도 포함되어 있다. 달리 말해, 가족을 비롯하여 일종의 네트워크 안에 있는 것을 관계라고 한다. 일도 마찬가지다. 일단 당신이 어디에서 일하는지, 누구와 어떤 관계에서 일하는지에 대해 생각하고 난 후에야 그 관계들을 서로 다른 방식으로 가치 있게 발전시켜 나가게 될 것이다. 훨씬 개인적인 관계로 말이다.

사무실 안에서의 역학관계도 물론 중요하지만 거기서 한 발짝 물러서서 디지털상의 숨어 있는 관계더미를 살펴보는 것이 좋은 출발점이 된다. 사업을 하거나 마케팅 또는 영업을 하는 사람이라면 데이터베이스와 많은 관련이 있을 것이다.

사람들의 이름을 전자기기 시스템에 저장해서 관계를 관리하는 게 어쩌면 단순해 보일 수 있지만, 과연 이를 개인적인 관계라고 부를 수 있는가? 1950년대 덴마크 엔지니어 힐다우어 넬슨이 발명한 명함꽂이 롤로덱스를 쓰던 기억이 난다. 롤로덱스가 한창 인기이던 때에는 매년 천만 개씩 팔려나갔다. 사실 그 시절이 좀 그립다. 당시 롤로덱스를 보며 명함을 세기도 하고 살펴보기도 하면서 그 사람들과 연결되어 있는 기분을 느꼈었다. 지금은 내 연락처가 모두 링크트인과 사무실 데이터베이스 시스템, 아웃룩, 페이스북, 그리고 그 외 소셜 네트워크 시스템에 저장되어 있다. 절대 예전의 롤로덱스와 같다고 할 수 없다. 기술은 우리로 하여금 수백만 명의 사람들을 기록할 수 있

인생에서 중요한 6가지만 기억하라

게 만들었지만, 그들과 관계를 맺거나 의사소통하고 있다고 말할 수 있을까? 그렇지 않다.

이제 자연과 나무로 돌아가 보자. 우리는 숲속 나무들이 서로 어떻게 연결되어 있는지 페터 볼레벤의 저서 『나무 다시 보기를 권함』 덕분에 알게 되었다. 숲은 땅 위와 땅 아래에 존재하는 거대한 네트워크다. 숲은 계속해서 변화한다. 낙엽수들은 겨울마다 강풍에 날아가지 않도록 스스로를 보호하기 위해 잎들을 떨어뜨린다. 생명을 유지하기 위해 새로운 잎을 만들어내는 데에 에너지를 쏟는다. 우리 자신은 각자의 숲에 연결된 땅을 관리하는 데에 얼마나 에너지를 불어넣고 있는가? 결코 충분하지 않을 것이다.

작은 조직의 힘

마지막으로 직장에서의 네트워크 규모를 알아보자. 콘퍼런스나 이벤트, 데이터베이스 관련해서는 무조건 크다고 좋은 게 아니다. 단순화 원리를 적용해보면, 여섯 명보다 많은 인원과 미팅을 하거나 메일을 주고받는 건 피하는 게 좋다.

경영이론가 프레데릭 라루Frederic Laloux는 자신이 '틸 조직Teal Organization'이라고 부르는 것을 설명해주었다.[12] 그의 이론에 따르면, 성공적인 조직은 전통적인 리더십 모델을 피하고 그 대신에 집단적 자기관리와 소규모 단위의 협업을 통해 기능한다. 그는 10명에서 12명 정도 되는 소규모 집단 안에서 상사가 없이 각자 자기관리를 하고, 그럼으로써 유동성을 가지고 빨리 적응하는 것에 대한 글을 쓰고 있다.

인적자본 관리 회사 크로노스의 대표 애런 에인은 전 세계에 6천 명의 직원을 두고 있음에도 불구하고 스스로를 리더가 아니라고 말한다. 그의 책 『영감을 주는 직장Work Inspired』에는 25명으로 구성된 작은 팀이 진행한 '송골매 프로젝트' 이야기가 담겨 있다. 그는 이렇게 말했다.

"우리 팀원들은 매우 몰입한 상태였습니다. 고객들은 행복했죠. 하지만 우리 중 일부는 우려를 표했습니다. 우리는 미래의 성공을 보장하고 싶었습니다. 그래서 더 적극적인 조치를 취하기로 결정한 겁니다."

실험적인 도전과 시도를 이어간 이 프로젝트는 '워크포스 디멘전Workforce Dimensions'이라는 이름의 제품을 내놓았는데, 이 제품은 2019년 인력 관리 솔루션과 관련한 독립 연구에서 95퍼센트라는 최소 등급의 점수를 받으며 1위를 차지했다. 작음이 이뤄낸 힘이었다.

인생에서 중요한 6가지만 기억하라

사회자본

당신이 알고 있는 사람과 알고 있는 것

내가 2005년 네트워크 사업 에디토리얼 인텔리전스Editorial Intelligence를 시작했을 때, 나는 저널리스트와 홍보 전문가처럼 스펙트럼의 양극단에 있는 두 사람을 연결해주는 일을 하고 싶었다. 당시 이 일에 붙인 이름은 '광고홍보 전문가가 어디에서 저널리즘을 만나는가'였다. 나는 도서 홍보 일을 할 때 언론인들과 좋은 관계를 맺어왔는데, 사실 그들이 먹이사슬의 우위에 있다는 보이지 않는 룰이 있었던 만큼 쉬운 일은 아니었다.

인간 네트워크와 상호작용 가치의 총합을 의미하는 사회자본은 어떠한 일을 진행하는 데에 중요한 역할을 한다. 나의 경력이 시작될 즈음, 영국에서 아버지의 학문적 명성이 정점에 도달해 있던 덕분에 언론이 나의 성을 알고 있었다. 그래서 내가 만나줄지 물으면 대답은 대부분 "예스"였다. 내가 이 책에서 쓴 호기심이나 동기부여와 같은 것들은 나 자신에게도 분명히 도움이 되었다. 그러나 사회자본은 확실히 아버지 덕에 쉽게 얻을 수 있었고, 나는 이러한 이점을 다른 이들도 누렸으면 좋겠다고 생각했다.

하지만 어떻게 해야 할까? 에디토리얼 인텔리전스의 네트워크는 미디어와 광고홍보의 한계를 빠르게 넘어섰고, 정치, 과학, 기술, 비즈니스를 비롯해 기존의 광고홍보와 저널리즘 분야의 사람들을 서로 연결해주는 데까지 확장되었다. 이 과정에서 나는 모든 사람들이 좋은 실력자라는 걸 알게 되었다(물론 그렇지 않았더라면 회원 자격을 얻지 못했겠지만). 당시에는 인종과 성, 민족의 다양성에 관한 의식 수준이 오늘날처럼 높지 않았기에 프로의 세계에 닫혀 있는 문이 많았다. 나는 이것이 도덕적으로 옳지 않다고 느꼈고, 네트워크 과학에 대해 알면 알수록 이러한 인식이 얼마나 어리석은 것인지 깨닫게 되었다. 사회적 연결에 대한 연구 또는 네트워크 효과의 확산 방식을 보면, 다양성을 기반으로 한 네트워크가 더 성장하고 강력해지기 때문이다.

나는 시니어 그룹과 함께 하는 조찬 모임에 참석한 적이 있다. 그때 행사에서 코트 보관을 도와주던 여직원 머라이스가 무척 기운 없어 보이는 것이 눈에 들어왔다. 나는 그녀와 이런저런 이야기를 나눴고, 그녀가 대학 졸업 후 자신의 미래에 대해 고민하고 있다는 사실을 알게 되었다. 그녀는 자신감이 없어 보였고, 마치 길을 잃은 사람 같았다. 나는 그녀에게 지금 하는 일 대신에 우리 사무실에서 나와 함께 일을 해보면 어떻겠냐고 제안했고, 그녀는 이를 받아들였다.

하지만 이 이야기의 결말은 해피엔딩이 아니다. 나는 그녀가 그동안 소프트 기술을 연마할 기회를 갖지 못했다는 사실을 깨달았다. 그저 날것의 기회를 주는 데에서 그치는 게 아니라 자신감과 인간관계를 키우도록 도와야 했다. 이 경험을 통해 우리는 훨씬 더 야심 찬 사회자본 프로젝트를 실험해보기 시작했다. 이 프로젝트는 자신감과 훌륭한 커리어를 쌓은 사람들을 머라이스와 같은 젊은 청년과 연결해주고, 정해진 인턴 기간보다 더 긴 기간 동안 만나도록 한 것이다. 그러고는 양측에게 각각 어떠한 변화가 일어났는지 관찰했다. 어땠을까? 매우 생산적이고 행복하고 창의적인 관계가 형성되었다. 사람들의 다양성과 교차수분이 아름답게 작용한 것이다.

우리는 한 명의 대학 졸업자를 세 명의 네트워크 멤버와 연결해주고 일 년간 연락을 취하게 했다. 멘토들에게 대학 졸업자가 소프트 기술을 익히고 사회자본을 쌓을 수 있도록 2~3일 정도는 본인이 하는 일을 공유해달라고 요청했다. 현재 이 프로젝트의 일부는 첫 프로젝트 수혜자인 샤니스 실레즈-밀스가 담당하고 있다. 그녀는 사회자본과 성격이 가진 힘을 직감적으로 이해하고 계획주택의 문제를 성공적으로 해결해서 우리의 주목을 끌었다.

그녀는 역경을 기회로 바꾸었고, 런던의 주요 신문《이브닝 스탠다드》의 관심을 끌게 되었다. 이후 사회적 통합 이니셔티브를 지원하던 씨티은행의 임원이 그녀의 잠재력을 발견하고는 그녀에게 한 인턴 프로그램을 소개해주었다. 놀라운 건, 이 씨티은행 임원과 인턴 프로그램을 운영하는 임원은 둘 다 우리를 알고 있었다. 이 이야기의 모토를 분명히 할 때가 되었다. 바로 교차수분은 반드시 작동한다는 것이다. 공동체 안에서 가치를 구축하라. 당신 주변에 진정한 다양성을 품어라. 다른 이들을 도와라. 그리고 네트워크를 활용해라.

살 롱

> 주제가 무엇이든, 커피숍에서 일어나는 대부분의 비즈니스는 말, 글, 인쇄의 형태로 된 뉴스와 의견을 공유하고 토론하는 것이었다. 그러나 고객들은 정보뿐 아니라 커피도 마시고 담배도 피우기를 원했다.[13]
>
> 톰 스탠디지tom standage

커피숍의 역할

전 세계 사람들은 매년 커피를 천만 톤 이상 마신다. 조사에 따르면 가장 많이 마시는 나라는 핀란드였고, 스웨덴과 아이슬란드가 그 뒤를 이었다. 나도 커피 중독자 중 한 명이다. 개인적으로 아주 강한 콘티넨탈 에스프레소 원두를 선호하고, 직접 갈아서 스토브 위에서 볶아 만든다. 다른 사람들과 마찬가지로 나도 대화를 할 때 커피를 마시곤 한다. 커피와 대화는 언제나 함께 있었다.

17세기로 거슬러 올라가 보면, 런던에서 커피숍은 다양한 만남과 아이디어의 불꽃이 튀는 곳으로 유명했다. 저널리스트인 톰 스탠디지의 저서 《이코노미스트》에 따르면 과거에는 커피숍이 현재의 소셜 미디어 역할을 했다고 한다.

오늘날의 카페는 앉아서 서로 뉴스와 자신의 견해를 주고받을 수 있는 공용 테이블이 없다. 정말 유감이다. 사람들 간에 대화가 거의 없고 모두 노트북을 보고 있다. 흔히 살롱이라고 불리는 17세기의 소통 방식이 21세기의 카페에서도 다시 살아나길 바란다. 네트워크를 구축하고 발전시켜나가는 데 이만큼 좋은 게 없기 때문이다.

역사학자 사이먼 샤마Simon Schama는 언젠가 나를 (내 생각엔) 칭찬하면서 "살로니에salonnière"라고 불렀다. 살로니에라는 말은 프랑스의 웅장한 저택에서 살롱을 열어 유럽 곳곳에서 일어나는 이런저런 일들에 대해 이야기를 나누거나 아이디어가 오가게 했던 여성들을 일컫는 용어였다.

움직이는 살롱

나는 양육 방식과 타고 난 성격 덕분에 일종의 살로니에가 되었다. 수줍어할 때도 있지만 나는 확실히 외향적인 성향으로 안에 있기보다는 밖으로 나가는 편이다. 어린 시절 부모님과 할머니께서 집에서 정기적으로 저녁 파티를 여는 걸 보며 자랐는

데, 거기에는 늘 음식과 웃음, 대화, 논쟁이 있었다. 사람들은 열정적이었고, 친절했으며, 서로 비슷하면서도 달랐다. 당시 나는 모임에 참여하진 않고 용돈을 벌고자 주로 설거지를 했는데, 사람들의 이야기와 웃음소리를 들으며 1970년대 당시 우리 집을 방문한 작가, 사상가, 예술가들의 분위기를 흡수할 수 있었다. 현재 나는 일종의 움직이는 살롱인 '네임즈 낫 넘버즈Names Not Numbers'를 운영 중이다. 이곳에서 중요한 건 그들이 훌륭한 이 퀼라이저라는 사실이다. 나는 뛰어난 학자인 샤니스Shanice와 우리를 이어준 마가렛 애트우드의 사진을 가지고 있다. 그녀는 사람 사귀는 것을 매우 좋아해 그녀와 우린 직접 만나 1년간 교류하며 지냈다. 나는 그녀를 훌륭한 곤충 전문가인 브리짓 니콜스Bridget Nicholls와 연결해주었는데, 나중에 그녀는 '네임즈 낫 넘버즈'를 "아이디어의 훌륭한 교차수분"이라고 부르며 최고의 찬사를 보냈다.

스스로 '네트워킹을 하기 위한'이라는 수식어를 붙인 국제회의들은 그 자리가 정말 거대한 응접실이라고 믿게 하려는 듯하다. 국제회의 산업 규모는 300억 달러 정도로 큰데, 많은 국가가 이 산업을 놓고 경쟁을 벌이고 있다. 독일의 경우 50만 평방미터에 달하는 세계 최대 크기의 콘퍼런스 비즈니스용 장소를 보유하고 있으며, 콘퍼런스에 참석하는 사람들의 3분의 1은 참석자가 2,500명 이상인 행사에 참석하곤 한다. 비용과 시간을 고려하면 이해는 되지만, 던바의 수인 150을 생각해보거나 의사소통의 위계를 생각해본다면 작은 그룹에서 대면으로 만나는 것보다 더 좋은 효과를 보지는 못할 것이다. 사실 국제회의는 물품을 팔기 위해서는 좋은 자리고 가외로 네트워크를 만드는 데 유용할 순 있지만, 제대로 된 네트워크를 구축하고 싶다면 소규모 살롱을 찾아가야 한다.

마르니타의 식탁

나는 살롱을 참석한 모든 이들이 다 보이고, 다 들리고, 다 기억되는 충분히 작은 모임으로 정의하고 싶다. 언젠가 마르니타의 식탁Marnitas' Table이라는 회사를 설립한 마르니타 슈뢰들Marnita Shroedl을 만난 적이 있다. 마르니타의 식탁은 "평등을 높이고 불균형을 낮추기 위해 존재한다"고 한다.[14] 이들은 서로의 의견이 종종 일치하지 않아도 식사와 공유, 토론을 통해 그 차이를 극복해나가는 그룹들을 모아 '급진적 환대'라고 부르는 프로젝트를 진행한다.

우리는 살롱, 사회자본 프로그래밍, 변화를 모두 꾀한 독특한 사업을 어떻게 발전시켰는지에 관해 오랜 시간 나눴다. 나는 마르니타의 식탁이 주최하는 '대화를 시작합시다'라는 행사를 매우 좋아한다. 이 행사에서 그들은 사람들을 초대하면서 "거품에서 벗어나십시오… 의사결정권자, 공동체 리더, 그리고 가족과 교류하고, 서로 다른 문화 간 축제를 즐길 수 있습니다"라고 말하며 기금을 모집하고 있었다.

살롱은 교차수분을 하고 다니는 사람들과 아이디어가 모이는 장소라고 볼 수 있다. 이들을 통해서 적시에 지식이 흘러간다. 그리고 신뢰도 쌓인다. 이는 육각형이 다른 육각형의 한 면과 만나 확장되어가는 유기체적이고 자연적이며 심지어 마술 같은 속성과 유사하다.

당신도 속해 있는 살롱이 있는가? 함께 책을 읽고 나누는 북클럽에 나가고 있다면 이미 살롱에 참여 중인 것이다. 직장 내에서 소모임을 이루고 있다면 마찬가지로 살롱에 참여하는 것이다. 친구와 함께 식사를 한다면? 그것도 마찬가지다. 나아가 당신도 살로니에가 되기를 바란다.

여섯 명의 사람

우리가 얼마나 많은 사람들과 연결되어 있는가를 생각해본다면, 특정한 시기에 자신에게 중요한 여섯 명을 식별한다는 건 매우 어려운 일이다. 자신에게 중요한 사람들에 대해 생각해본 게 언제인가? 나와 마찬가지로 당신도 '내 인간관계의 기반이 무엇일까?'를 생각하는 대신에 이메일, 미팅, 살롱과 콘퍼런스를 매개로 한 끝없는 의사소통 속에 갇혀 있을 것이다. 여기에서는 왜 잠시 멈춰서서 자신만의 개인적 또 사회적인 6을 생각해야 하는지 알려준다.

소셜 식스

영국에서 많은 대중이 조그마한 키친 캐비닛* 취급을 받은 아주 재미있는 사건이 있었다.

영국 자연환경 연구위원회NERC가 남극 조사팀이 탈 첨단 연구선의 이름을 온라인으로 공모했다. '배 이름 짓기 투표'라는 해시태그까지 만들고 투표를 진행했는데, 압도적 1위를 한 이름이 '보티 맥보트페이스Boaty McBoatface'로 거대한 프로젝트와는 어울리지 않는 이름이었던 것이다. 예상 밖의 결과를 얻게 되자 이 공모를 제안한 담당자는 이를 사과하고, 연구선의 이름을 다른 웅장한 것으로 짓고는, 1위를 한 이름은 다른 잠수정에 붙여 버렸다.

이 사건은 약간의 전략적 사고만 필요한 상황에서 너무 큰 범주로 접근할 경우 일이 얼마나 복잡해지는지를 보여주는 사례였다. 그리고 나는 키친 캐비닛 대신 우리에게 의견을 들려줄 이들을 '나의 소셜 식스Social Six'이라고 부르고 싶다.

---

* '비공식 자문위원'을 뜻하는 말로 미국에서 유래한 정치용어다.

완벽한 수

다시 정리해보자. 숫자 6은 수학적으로 완전한 숫자고, 수많은 문화적, 과학적 의미가 있는 숫자다. 특히 무엇보다도 우리의 작업 기억의 최대 한계를 생각해볼 때, 매우 실용적인 숫자라고도 할 수 있다. 육각형 행동원칙은 현실에 관한 것일 수밖에 없다.

물론 6이 절대적이라는 건 아니다. 회의를 8명이서 하거나 프로젝트 구성원이 9명이더라도 괜찮다. 다만 당신이 무슨 일을 하거나 네트워크를 구성할 때 6보다 큰 수부터 시작하는 것이 대부분의 경우에 좋은 방법이 아닐 수 있음을 강조하는 것이다.

완벽하게 조직한다는 차원에서 숫자 6은 매우 중요한 대칭성을 갖는다. 사람들은 종종 세 개로 우선순위를 나열하고 이름을 붙이고 구성을 하는데, 3은 2와 1과 마찬가지로 6의 약수다. 기업의 기금모금활동 전문가들은 위원회를 3으로 나눈다고 한다. 3분의 1은 능동적인 위원, 3분의 1은 수동적인 위원, 그리고 나머지 3분의 1은 불필요한 위원으로 말이다. 조금 거친 분류 같기는 하지만, 누구든지 위원회 활동을 해봤거나 거대한 그룹에 속해본 사람이라면 전체 규모에 비해 제 역할을 하는 사람들은 꽤 적은 수라는 걸 알 것이다. 다시 말해, 반드시 6부터 모든 걸 시작해야 하는 건 아니지만, 6 이상의 숫자는 복잡해질 수 있다.

인생에서 중요한 6가지만 기억하라

잠시 멈추고 되돌아보기

사회적 숫자라는 개념은 명료함을 떠올리게 해준다. 뭔가를 하고 싶다면 먼저 결정을 내려야 한다. 누가 그 결정에 도움을 주는가? 또는 그 결정을 실행하는 데 누가 필요한가? 우리는 살면서 수많은 사람들을 만난다. 여성의 평균 기대수명은 75세이고 남성은 70세인데, 보통 사람이 의미 있는 만남을 기억하기 시작하는 건 5세부터라고 한다. 계산을 매우 보수적으로 하여 하루에 한 명의 사람만 만난다고 해도 우리가 평균적으로 평생 만나는 사람은 2만 명은 넘을 것이다. 하지만 그 많은 사람들을 콘퍼런스에서 만나는 사람들보다 더 믿을 수는 있는 건 아니다.

사회적 인간관계 6에 대해 생각하는 건 인생에서 매우 중요한 순간과 그 순간에 함께 있는 사람을 생각하는 데 무척 중요하다. 의사결정을 하고 명료함을 얻는 데에도 도움이 되며, 정보에 있어 믿을 만한 사람이 누구인지 알아내고 내가 나 자신으로 있을 수 있는 사람이 누구인지 알아내는 데도 도움이 된다. 이는 하나의 목록일 필요는 없고, 여러 개일 수도 있다. 대학에서, 가족 중에서, 친구 중에서 누가 여섯 명 안에 드는가? 여섯 명의 리스트를 만들고 이를 잘 살펴보길 바란다.

네트워크

1. **소셜 미디어 밖으로 나와 직접 대면을 하자.** 당신도 화면상의 네트워크 뒤에 숨어 있는가? 훨씬 더 많은 시간이 필요할 수 있으나, 진짜 가치는 서로 대면할 때 드러난다는 사실을 기억하자.

2. **데이터베이스가 아닌 사람베이스로 사고하자.** 숫자로 불리길 원하는 사람은 없다. 당신이 알고 있는 사람이 누군지, 또 그 사람들과 어떻게 소통하는지를 관계의 양이 아니라 질로 조직화하자.

3. **진짜 네트워크는 자연스럽다.** 이 관계로부터 무엇을 얻을 수 있을지 생각하고 있는가? 단단한 네트워크는 사람을 우선순위에 두는 태도에서 생겨난다.

4. **사회자본 만들기.** 벌들처럼 인간도 교차수분을 할 수 있다. 당신 주변의 다양성을 품고 서로 돕는 관계를 만들어라.

5. **회의실이 아닌 살롱.** 단단한 네트워크를 구축하고 싶다면 소규모 살롱을 조직하라. 대규모 콘퍼런스보다 더 많은 유익을 경험할 수 있다.

6. **사회적 숫자 6.** 잠시 하던 일을 멈추고 자신의 '숫자 6'을 찾아보자. 자신에게 가장 중요한 사람 여섯 명은 누구이며, 일을 할 때 믿을 수 있는 사람이 누구인지 생각해보자.

시간

시간의 통제권을 가져라

세상의 모든 나침반은 한 방향을 향해 있어, 시간만이 그들의
유일한 척도다.

톰 스토파드tom stoppard

청중이나 학생들에게 168이란 숫자가 뭘 의미하냐고 물으면 대
부분 허공만 바라본다. 168은 한 주의 총 시간이다. 너무 적다고
느껴지는가? 현대 사회의 복잡성은 일을 단순하게 하기보다는
시간을 소모하게 만든다. 연구 결과에 따르면 인터넷 사용자는
평균 온라인에서 하루 6시간을 보낸다고 한다.[1] 그 시간은 주로
커뮤니케이션(전 세계에서 매일 2,500억 개의 이메일이 교환된다),
검색(매일 50억 개의 구글 검색이 이루어진다), 쇼핑(전 세계적으로

매년 3조 5천억 달러 이상의 쇼핑 지출이 발생한다) 등에 사용된다.[2] 심지어 여기에는 소셜 미디어에서 보내는 시간은 포함되지 않은 것이다. 그렇다. 우리가 시간을 보내는 방식은 종종 모래시계의 모래가 눈앞에서 똑똑 떨어지고 있는데 아무것도 하지 않고 있는 것과 같다. 단순성의 여섯 번째 측면이자 2부의 마지막 장에서는 가장 귀한 것에 관해 다루려고 한다. 바로 시간이다.

단순화 원칙은 특정 시간에 발생하는 일에 집중해서 그 시간을 최대로 활용하도록 돕는 것이 목적이다. 우리는 계속 흘러가는 시간을 멈출 수 없지만, 시간이라는 문제에 접근하는 방식을 제어하고 다음의 내용을 고려해 단순화할 수는 있다.

- 데드라인 데드라인과 타임라인의 통제권을 가져라.
- 스케줄 내 시간의 수문장이 되자.
- 표준시간대 지구촌 사회에서 일하는 방법을 익힌다.
- 중단 자신만의 경계를 설정하고 지킨다.
- 체내 시계 자신에게 가장 좋은 시간대를 찾는다.
- 과거와 현재 현재와 동일한 시간은 없다.

인생에서 중요한 6가지만 기억하라

데드라인

> 세상을 다스리고 있을 때 진실을 알아채는 건 매우 어렵다. 너
> 무 바쁘기 때문이다.[3]
> 유발 하라리Yuval Harari

데드라인을 좋아하는 사람들

"데드라인이 지나갈 때 내는 쉭 하는 소리가 참 좋아요." 더
글러스 애덤스Douglas Adams는 데드라인을 좋아한다고 말했다. 세
상은 마감일을 지키는 사람과 그렇지 않은 사람으로 나뉘는 것
같다. 항상 늦는 사람이 있고, 항상 시간을 지키는 사람이 있는
것처럼 말이다. 마감을 못 지키고 계속 붙들고 있는 건 매우 중
요한 문제다. 마감일은 우리가 무엇에 집중하고 어떤 형태로 일
해야 할지 알려주기 때문이다. 많은 이들이 기한을 넘길 수 없
어 데드라인이 임박하면 부랴부랴 작업을 마치곤 한다.

나는 가장 중요한 일에만 에너지를 집중하게 해주는 데드
라인을 좋아한다. 뛰어난 언론인에게 일의 비결을 물어보면, 그
들은 "데드라인 덕분이죠"라고 대답한다. 하지만 문제는 많은
사람들이 기한이 임박하기까지 계속 일한다는 것이다. 그럴 땐
결과를 쪼개서 내보자. 주식회사는 주주들에게 분기별로 다양
한 지표들을 보고한다. 물론 그래야 주식 시장에서의 입지를 알

릴 수 있기 때문이다. 이를 우리 생활에 적용해보면, 어떤 일을 할 때 장기적인 사고방식보다 단기적인 사고방식이 더 큰 영향을 줄 수 있음을 알 수 있다.

　나무들도 계절에 따라 일종의 데드라인을 가지고 있는데, 나무의 평균 수명이 우리보다 더 길다. 그레이트 베이슨에 있는 소나무(최고령 나무)는 적게 잡아도 4,500살이 넘는다.[4] 과학과 의학의 발전 덕분에 마침내 얻어낸 인간의 백 년 수명은 나무에게는 아주 짧은 것이다. 벌들은 딱히 데드라인을 가지고 살지는 않지만, 대신에 사이클, 리듬, 루틴을 가지고 산다. 모든 벌들이 따라야 하는 달성 불가능한 어떤 지점은 없다. 벌들은 끊임없이 환경에 적응하며 살아간다. 하지만 우리는 데드라인을 만들고 지키며 살아가고, 목적의식이 분명한 리더들은 이를 정확히 인지하고 있다. 나도 변화를 일으키는 데에 데드라인이 도움이 된다고 생각한다.

　하지만 반드시 데드라인이 주는 압박이 있어야만 성공하는 건 아니다. 좋은 스트레스인 '유스트레스eustress'와 그 반대인 '디스트레스distress'의 차이를 생각해보자. 데드라인은 설정이 잘못되었을 수도 있고 너무 짧을 수도 있어서 생산성을 향상시키기보다는 오히려 디스트레스를 유발할 수 있다. 따라서 데드라인은 자신만의 판단 기준이 있을 때 이를 활용하여 좋은 결과를 얻을 수 있다.

타임라인

데드라인과 같이 주의해야 할 것이 있다. 바로 타임라인이다. 정책은 종종 사람보다는 정치 시간표에 따라 형성돼버린다. 정치권이 불신의 대상이 된 이유 중 하나는 현실이 아닌 정치적 주기를 바탕으로 하는, 너무 지나치게 단순화된 약속들 때문이다. 어떤 정책은 실현 가능성이 없음에도 불구하고 나무 4,500 그루를 수백 일 만에 심겠다고 약속하기도 한다. 세스 고딘은 이와 관련해 이렇게 말했다.

> "우리는 수년을 인식하는 대신 단기적인 결정을 내리면서 하루하루를 살아갑니다. 단기적인 고통을 통해 장기적인 만족을 얻을 수 있더라도 그런 이점은 무시합니다. 그래서 우린 종종 투자에 실패하게 되죠."[5]

단순화는 현실적으로 달성할 수 있으면서 집중할 수 있는 일에 관한 것이다. 어떠한 일을 지나치게 단순화하면 비현실적이 될 수밖에 없다. 그러므로 불가능한 데드라인이나 타임라인을 제시하는 곳이 있다면, 그 자리를 "피하라"고 말해주고 싶다.

스케줄

우리의 일상을 돌아보면, 자기 자신의 시간에 대한 통제권을 다른 사람들에게 넘겨주는 경우를 본다. 나는 단순화 원칙을 인생에 적용하는 가장 좋은 방법은 바로 내 시간을 가능한 한 통제하는 것이라고 생각한다. 내가 온라인이든 오프라인이든, 미팅을 하든 안 하든, 내 시간으로 무엇을 하든 말이다.

'시간 빈곤'이라는 말은 단순히 시간이 없는 현상을 말하는 게 아니라 시간을 어떻게 써야 할지 결정하지 못하는 현상을 일컫는다. 1970년대에 시행된 유명한 연구 결과가 있다. 이 연구에서는 요양원에 있는 노인들을 두 그룹으로 나눠서 한 그룹에게는 선택의 여지없이 식물을 관리하게 하고, 다른 그룹에게는 식물 관리 외에 영화 보기를 선택할 수 있게 했다. 18개월이 지나고, 두 집단의 사망률을 비교해보았는데, 결과는 아주 놀라웠다. 아무것도 통제하지 못한 집단의 사망률이 어느 정도의 선택권을 가진 집단에 비해 무려 두 배나 높았던 것이다.[6]

이런 실험 결과를 직장에 적용해보면, 시간을 잘 관리하는 것이 곧 높은 생산성으로 연결된다는 결론을 얻을 수 있다(여기서 생산성은 시간당 생산해내는 제품뿐 아니라 동기, 참여, 창의성 등도 포함한다). 스웨덴 스바테달렌에서 진행된 연구에서는 근로자들에게 스스로 사용할 수 있는 권한을 더 부여하자 질병과 스트레스로 인한 결근일이 절반으로 줄었다.[7] 유연성은 퇴근시간만 기다리게 하는 정책을 대신할 만큼 좋은 것이다.

오버타임

새로운 부는 단순히 돈이 아니라 시간이다. 유니버시티 칼리지 런던과 핀란드 산업보건연구소가 실시한 연구에 따르면, 약간의 초과 근무는 괜찮지만 과도한 초과 근무를 하면 심장마비 또는 관상동맥 질환에 걸릴 확률이 최대 60퍼센트까지 급증한다고 한다.[8] 타인이 자신의 시간을 통제할 때 느끼는 고통에 대한 연구 결과는 이외에도 많다.

당신의 시간을 단순화하고 싶다면, 가장 먼저 해야 할 일은 당신의 일정이 어떤 식으로 되어 있는지 살펴보는 것이다. 당신의 시간에 어떤 패턴이 있는지, 또한 이를 보고 어떤 느낌이 드는지 살펴보자. 예를 들어, 나는 한두 시간 사이로 장소를 옮겨가며 일하는 걸 좋아하지 않는다. 주로 같은 장소에서 연속적으로 회의를 하고, 직원들의 업무 시간을 확보하려고 노력한다. 또한 나는 초과 근무를 좋아하지 않는다. 초과 근무는 보통 한 사람의 시간을 사용하고는 그에 대한 대가를 제대로 지불하지 않기 때문이다.

많은 사람들이 긱 경제 환경에서 일하면서 스스로의 운명을 개척해나가고 있다. 연구 결과에 따르면 2030년까지 미국 노동력의 절반이 프리랜서 형태로 일할 것이라고 한다.[9] 세계경제 포럼에서 2016년에 발표한 〈일자리 미래〉 보고서에서는 프리랜 서로서 근무 형태의 변화를 우리가 지켜봐야 할 가장 중요한 트 렌드로 꼽았다. 미국에서는 이미 근무 형태가 변화하기 시작했 고, 이는 곧 다른 국가에서도 나타날 것이다.[10]

물론 모든 사람이 프리랜서에 적합한 건 아닐 것이다. 미래 의 프리랜서는 자신의 재능과 기술을 분명히 알고 있어야 하고, 창의적이고 유용한 방법으로 이를 발전시켜야 한다. 물론 운도 필요하다. 운의 중요한 요소는 바로 타이밍이다. 시간을 컨트롤 할 수 있는 환경이라면 새로운 기술이나 자격을 획득하는 데 시 간을 투자하라. 이것이 세스 고딘이 말한 좀 더 소비자 지향적 인 프리랜서가 되는 길이다.

지구촌에서 일하는 방법

전 세계 사람들이 일 년을 365일, 일주일을 7일, 하루를 24시 간이라고 생각하는 건 아니다. 지구상에는 최소 24개의 표준 시간대와 추가적인 지역 시간대가 있다. 러시아의 경우, 국내 에만 22개의 시간대가 존재한다. 시간대를 볼 때 영국은 주로 UTC(협정세계시)를 기준으로 하며, 이 기준시는 런던 그리니치

　　　　　　　　　　인생에서 중요한 6가지만 기억하라

에서 측정되고 있다. 집에서 아침에 기상하면 인도에 있는 내 친구는 초저녁을 맞이한다. 그즈음, 한국과 일본에 있는 동료들은 저녁 식사를 마치고 잠자리에 든다. 이렇듯 시간대가 다르다는 점이 오늘날 업무를 더 복잡하게 만든다.

요즘 떠오르는 분야인 원격 근무를 전문으로 하는 리모트 닷시오Remote.co는 서로 다른 시간대에서 작업할 때 지켜야 할 에티켓에 관한 가이드라인을 펴냈다. 내 생각에 그중에서 가장 중요한 건 '동료의 일정에 대해 아는 것'이다.[11] 이것은 크로노스사의 애런 에인 대표가 인도에 회사를 세울 때 그녀의 최우선 과제이기도 했다. 예를 들면, 워싱턴 D.C.와 뉴델리 사이에는 9.5시간이라는 시간차가 존재한다. 북아메리카 동부 해변에 사는 사람들이 일터로 향하면서 해외에 있는 동료에게 전화를 걸고 싶어도 지구 반대편 동료는 자러 가니 문제가 되는 것이다. 이때 다양한 방법으로 해결책을 찾을 수 있다. 예컨대 공유된 플랫폼을 찾아 활용하거나 시차가 겹치는 시간에 연락을 하는 방법 등이다.

시간 여행은 모두가 관심을 갖는 주제다. 시간 여행을 할 수만 있다면 삶은 훨씬 쉬워질 것이기 때문이다. 이탈리아의 이론물리학자 카를로 로벨리Carlo Rovelli는 시간이 얼마나 실제적이지 않은 개념인지에 대해 논했다. 적어도 "시간은 원소 수준에서 물리적으로 존재하는 것이 아니다. 단지 우리를 위해 존재한다." 이는 우리가 시간을 재는 방법이 기본적으로 우리 머릿속에서 나온 것임을 뜻한다. 어떤 사물이 움직이는 속도를 인간과 다른 생명체들은 서로 다르게 인식한다. 로벨리는 시간을 느낌과 연관 지어 이해하도록 해주었다. 그는 《가디언》에서 이렇게 말했다.

> "… 시간의 '흐름'을 느끼는 데는 감정이 깊이 개입합니다. 시간을 이해하는 일은 복잡한 구조와 효과의 얽힘을 풀어내는 것과 같습니다."

자, 그렇다면 시간, 시간 지키기, 시간 관리 등 시간에 대해 지금까지 알고 있던 기본 개념은 무시해버려도 될까? 그럴 수는 없겠지만, 로벨리가 말한 철학적 개념도 중요하다. 이 개념은 자연에서 배울 수 있는 단순화 원칙과도 관련이 있기 때문이다. (시간이 지나면서) 우리가 시간에 관해 그저 전체적인 그림만 몰랐을 뿐이라는 걸 깨달을 수 있다면, 그건 시간에 관한 관점을 바꾸듯 우리의 관점을 바꾸면 우리도 변화할 수 있고 변화를 도울 수 있다는 희망이기도 하다. 벌들의 생존이 인간의 생존과도 연결됐음을 이해하듯, 시간에 대해서도 시간을 사용하고 또 그 시간에 가치를 부여하는 방식을 다른 사람 또는 다른 생명체의 입장에서 생각해보면 좋겠다.

중단

몰입이 힘들 때

지금, 여기 현실 세계로 돌아와 보자. 개인이 전체 삶의 3분의 1을 보내는 일터의 환경이 초고속으로 변화하고 있다. 일의 세계에서 우리는 인공지능, 프리랜서로의 전환, 원격 근무와 협업 공간으로의 전환 등 엄청난 변화에 직면하고 있다. 하지만 가장 심각한 문제는 우리 자신의 문제일 것이다. 바로 집중의 문제다. 단순성의 첫 번째 요소인 명료함에 다시 한번 주목해보자. 온라인 상태였다가 오프라인으로 돌아와서 다시 집중하려면 20분가량을 소비해야 하는 만큼, 집중하는 일이 쉽지 않다는 사실을 기억하자. 중단은 누구나 일터에서 겪는 가장 큰 시간 낭비일 것이다. 체내 시계에 대해서는 뒤에서 짧게 다루겠지만, 자다가 깨서 수면 사이클이 중단되는 것만큼이나 일이 중단되는 것은 우리에게 좋지 않은 영향을 미친다.

나는 칼 뉴포트Cal Newport가 말한, 일과 '딥 워크'에 대한 정의를 좋아한다. 그에 따르면 딥 워크란 몰입과 깊은 집중이 필요한 작업을 말한다. 그는 저서 『딥 워크』에서 이렇게 썼다.

"단순하게 기다리는 일은 현대 사회에서 색다른 경험이 되었지만, 집중력 훈련이라는 관점에서는 놀라울 정도로 가치 있는 일이다."[12]

얕은 작업은 디지털 세계에서 너무나 많다. 인간은 본래 한 번에 한 가지 일만 할 수 있는 존재임에도 불구하고 얕은 작업은 우리로 하여금 멀티태스킹을 할 수 있다고 착각하게 만든다. 우리가 뭔가를 단순하게 해내고 있다고 생각하지만 사실상 업무와 정신적 측면에서 훨씬 복잡하게 만드는 일일 뿐이다. 반면 깊은 작업은 알림을 끄고 사무실 문을 닫고 헤드폰을 쓰고 한 가지 일에 집중하는 것이다.

효율적인 협업

정해진 장소에서 정해진 시간에 일하는 날은 이제 손에 꼽힐 만큼 적어질 것이다. 세계 유수 기업들은 이미 유연성 있는 협업 공간을 활용해 작은 규모로 업무를 하고 있다. 틸 조직의 사고방식을 이해하고 있는 것이다.[13] 물론 어떤 사람은 큰 개방형 사무실에서 일하는 것을 좋아할 수도 있고, 그게 비즈니스에 더 도움이 될 수도 있다. 창의력, 브레인스토밍, 사회적 공유가 이들에게는 활력이 될 수 있다. 우리는 어디서 일하는지, 얼마나 오래 일하는지, 어떻게 일하는지에 대해 유연하게 생각할 필요가 있다.

브루스 데이즐리Bruce Daisley는 일을 사랑하는 방법에 관해 쓴

인생에서 중요한 6가지만 기억하라

본인의 저서에서 헤드폰을 가리켜 "일할 때 지속적인 방해가 되는 산만함을 피하게 해주는 물건"이라고 언급한 바 있다.[14] 이 말은 맞다. 어떤 이들에게는 헤드폰이 집중하는 데 분명 도움이 될 것이며, "가까이 오지 마세요. 나는 지금 깊이 몰두하고 있어요"라는 신호를 줄 간단한 방안이 될 것이다.

영국 광고업계에서 최초로 행동과학을 적용한 로리 서덜랜드Rory Sutherland는 사무실에 도착해서 하는 일이 이메일을 주고받는 것뿐인 곳에 출근하는 것은 의미 없는 일이라고 지적한다. 이에 덧붙여, 그는 직장에서 디지털상의 변화는 바로 이메일을 취급하는 방식의 변화라고 말했다. 이메일 알림음이 나더라도 바로 읽고 답장해야 할 필요는 없으며, 또는 이메일을 쓰고 나서 바로 전송해야 할 필요도 없다. 그보다는 이메일을 주고받는 당사자가 서로의 시간을 고려하여 가장 효율적인 방식을 찾아나갈 것이다. 나도 이러한 예측이 맞을 것이라고 동의한다.

체 내 시 계

시간을 예민하게 느끼는 건 우리가 인간이라서 그렇다. 나는 한때 수백만 달러 규모의 글로벌 비즈니스 책임자와 시차를 어떻게 극복할지에 대해 이야기하는 데에 비즈니스 통화의 대부분을 할애했다. 다른 시간대의 국가를 방문하는 데 익숙한 기업들은 아마 시간이 우리에게 미치는 실질적인 영향을 잘 알고 있을 것이다. 빨개진 눈을 힘겹게 깜박이며 좋은 부모 또는 배우자 노릇도 하면서 동시에 시차를 이겨내는 것은 생산성에 결코 좋지 않다. 그러니 해외 출장이 많은 기업은 체내 시계, 즉 신체적 리듬뿐 아니라 마음의 시계, 즉 심리적인 리듬까지 모두 고려해야만 한다.

예전에 비해 요즘은 24시간 주기의 리듬circadian에 대해 많이 알고 있다. 이는 '대략'을 뜻하는 라틴어 '키르카circa'와 '일'을 뜻하는 '다이스dies'가 합쳐진 단어다. 사람의 신진대사, 호르몬 및 주요 기능들은 최고점과 최저점 사이를 오가며 변화한다. 따라서 모두에게 언제나 적용되는 기준이 있는 것은 아니다. 예를 들어, 스페인 비고 대학의 최근 연구에서는 혈압약을 밤에 복용하는 것이 아침에 복용하는 것보다 더 효과적이라 발표했다. 또한 신경과학자 사라 제인 블레이크모어Sarah Jayne Blakemore는 십 대들의 뇌는 사춘기 후반으로 갈수록 달라지므로, 학교의 일률적인 운영 방식은 매우 비생산적임을 밝혀냈다.[15]

시간생물학에 관한 연구를 보면 체내 시계, 즉 각자의 신체 리듬을 관리하는 것보다는 우리 몸 밖의 시계, 즉 모든 사람에게 적용되는 객관적인 시간을 관리하는 방법을 근본적으로 바꿔야 한다는 필요를 느낀다. 하지만 어쩌면 이게 바로 단순한

인생에서 중요한 6가지만 기억하라

해결책을 얻자고 너무 과하게 단순해지는 오류를 범하는 것일 수 있다. 모든 사람들에게 같은 시간에 일어나서 같은 시간에 일터에 가고 같은 리듬으로 먹고 마시고 자라고 하는 건 과하게 단순한 해결책이다. 무엇이 진짜인지, 즉 뭐가 복잡한 것인지 간과한 것이다. 그렇다면 단순화 원칙을 시간과 관련된 이 어려운 문제에 어떻게 적용할 수 있을까?

먼저 KISS에서부터 시작해보자. 혹시 하루 중 특별히 일이 잘되는 시간이 있다면, 그 시간에 분명 최대의 능력을 발휘할 수 있을 것이다. 이를 십 대들의 집중력 문제에 적용해볼 수는 없을까? 물론 단기적으로는 복잡할 수 있지만, 단기적 관점보다는 장기적인 관점이 중요하다. 또한 장기적인 솔루션은 반드시 단순성에 기반해야 한다.

일, 직장, 작업 시간, 작업 일정에 대한 모든 변화가 이 문제와 연결되어 있다. 인간이 어떻게 작동하는지 알면 알수록, 서로 다른 시간대에 일하는 근로자들을 돕기 위한 대안을 더 많이 채택할 수 있고, 새로운 현실에 맞게 우리의 행동을 변화시킬 수도 있다.

단순함을 유지하는 것 외에도 단순화 원칙은 자연에서 배울 것을 강조한다. 우리의 생산성 위기와 스트레스 위기에 대한 해답이 어쩌면 체내 시계를 주목하는 것만으로 일부 간단하게 풀릴 수도 있다. 각자의 내부 시간표가 외부의 그 어떤 것보다도 중요하다.

과 거 와 현 재

과거는 미래와 다르다. 앞으로 가는 건 말이 되지만, 뒤로 가는
건 말이 안 된다.[16]
카를로 로벨리Carlo Rovelli

우리는 현재만한 시간이 없다는 걸 안다. 라틴어 '카르페 디엠
Carpe diem'은 '현재 이 순간에 충실하라'는 뜻이다. 단순화 원칙이
스며 있는 구절이다. 나이키의 '저스트 두 잇Just Do It'도 마찬가
지다. 복잡성을 줄이는 내용이다. 하지만 과거를 날려 보낸다는
건, 쉬운 일이 아니다. 우리가 어떻게 살아갈 것인가에 대한 많
은 부분이 과거의 영향을 받기 때문이다.

  시간과 삶이 끝없는 디지털 루프에 갇혀 있는 우리 대부분
은 충분히 다른 방식으로 생활하고 일할 수 있음에도 불구하고
여전히 하루에 8시간을 사무실에서 보내고 있다. 학자인 주디
와이즈만Judy Wajcman은 자신의 저서 『시간에 쫓김Pressed for Time』
에서 스마트폰이 "전형적인 시공간 압축 메커니즘"이 되었다고
말하며, 디지털 기기가 시간을 절약시켜주는 동시에 소비하게

만든다고 언급했다.[17] 평균적인 인터넷 사용자가 하루에 인터넷을 6시간씩 사용한다는 걸 생각해본다면 결코 틀린 말이 아니다.

따라서 현재를 온전히 잘 살아내기 위해, 우린 이제 과거를 놓아줘야 하는 것이다. 또는 최소한 과거를 반복할 필요가 없다고 다짐해야 한다. 나는 직장 생활을 어떻게 바꿀 것인가에 대한 에세이 『현재를 살자Being Present』에 글을 실은 적이 있다. 이때 또 다른 필진인 독일의 세대 전문가 슈테피 부르크하르트Steffi Burkhart는 이런 말을 했다.

> "과거에는 자본, 기술 그리고 오일과 가스 같은 자원을 얼마나 쓸 수 있느냐가 성장에 가장 중요했지만, 앞으로는 실시간으로 수집되는 정보, 데이터, 지식 다음으로 인적 자원이 미래의 가장 희소한 자원이 될 것이다."[18]

그녀가 말하고자 한 것은 인적 자본, 또는 우리가 재능이라고 부르는 것들이다. 여기서 아주 단순한 진실을 말해보자면, 재능이 중요한 이유는 바로 우리가 인간이기 때문이다. 지금의 자신을 있는 그대로 바라보고 자신의 삶에 단순화 원칙을 적용해야 한다. 결정을 내려야 할 때라는 말이다. 생산성에 관한 낡은 생각을 버리고 창의성과 호기심을 키워야 한다. 또한 우리는 휴식하고 리셋하는 방법, 우리 자신의 한계를 알고 이해하는 방법을 알아야 한다. 정보 비만을 억제하는 방법, 다른 이들과의 관계를 구축하는 방법 역시 알아야 한다. 과거는 확실히 우리에게 많은 것을 알려주지만, 그에 대한 반응은 현재에서 해야 한다.

나에게 "깊이 호흡하라"라고 조언해준 내 막내 동생 조스가 폐암으로 사망한 지 5년 만에 이 책을 완성하지만 조스는 여전히 나와 함께 있다. 그는 내 마음속에 존재하기 때문이다. 조스는 고전연극을 현대극으로 재구성하는 극단을 운영했었는데, 그는 자신의 극단을 '현재의 순간'이라고 불렀다. 이제 할 일은 간단하다. 오늘을 살아라. 당신은 내일을 살고 싶겠지만, 지금 여기를 살아라.

인생에서 중요한 6가지만 기억하라

시간

1. **불필요한 데드라인을 만들지 말자.** 데드라인은 타인이 아니라 스스로 만들자. 또한 데드라인과 타임라인을 활용할 때 이 점을 염두에 두자. 현실적인가? 꼭 지켜야 하는가? 아니면 다른 방법이 있는가?

2. **자기 자신의 통제권을 유지하자.** 시간은 소중한 자산으로 능동적으로 관리해야 한다. 시간을 통제한다면 더 높은 생산성을 얻을 수 있다.

3. **프리랜서의 삶을 준비하자.** (아직) 프리랜서가 아니더라도, 다른 사람들과 일하는 시간을 유동적으로 조율하는 방법을 터득하자.

4. **딥 워크를 방해하지 말라.** 일이 중단되는 것은 우리의 에너지와 시간을 낭비하게 만든다. 깊은 몰입과 집중이 필요한 일을 할 때는 방해받지 않도록 경계를 설정하라.

5. **체내 시계를 따라라.** 당신의 몸은 당신에게 시간을 어떻게 관리해야 할지 알려주고 있다. 바깥 시계를 바라보기 전에 먼저 자신의 체내 시계를 들여다보자.

6. **현재의 순간을 살자.** 지금 당신의 삶과 필요한 것에 초점을 맞추고, 과거에 일어난 일이 아니라 현재 하고 싶은 일을 하자.

Part
3

영리한
심플리스트가
되는 법

여섯 명의 심플리스트

육각형 행동원칙의 포인트와 방법을 알려준 여섯 명의 사상가를 소개하고 싶다. 이전 장을 읽지 않고 바로 여기로 뛰어넘어 온 독자들을 위해 단순화 원칙을 다시 한번 정리하자면, 단순화 원칙은 모든 것을 가능한 한 간결하고 집중적으로 유지해서 복잡성을 없애고 그럼으로써 패턴을 찾아나가는 원리이다.

셰프부터 기후 변화 운동가에 이르기까지, 육각형 행동원칙 사상가들은 2부에서 당신이 보았던 여섯 가지 측면들(명료함, 개성, 리셋 능력, 지식 관리 능력, 네트워크, 시간) 중 일부 또는 전부를 실천하며 살고 있다. 이 요소들은 모두 복잡성을 없애고 집중함으로써 생산적인 단순함을 달성하는 방식이다.

여기에서 소개하는 사람들이 당신으로 하여금 자신만의 생각을 정립하도록 도울 수 있었으면 좋겠다.

마시모 보투라

마시모 보투라Massimo Bottura는 이탈리아인 셰프다. 밀리아 로마냐에 자리 잡고 있는 그의 레스토랑 '오스테리아 프란체스카나'는 세계 최고의 레스토랑 중 하나로 꾸준히 선정되어 왔다. 그는 이제 요리에 발을 들인 사람이라면 모두 알고 있을 법한 유명 셰프이다. 그는 여섯 개의 테마로 된 요리 '수프 속을 걷는 여섯 개의 토르텔리니Six Tortellini Walking into a Broth'를 통해 처음 이름을 알리게 되었다.

마시모는 셰프인 동시에 예술가다. 그의 역할은 이탈리아의 전통적인 음식을 현대식으로 바꾸는 것이었다. 처음에는 사람들이 그의 음식을 낯설어하여 손님이 거의 없었다. 그는 사람들의 주목을 받는 가장 좋은 방법은 새로우면서 시대에 구애받지 않는 요리를 만드는 것이라고 생각했다. 그래서 고기가 든 홈메이드 파스타를 큰 볼에 담는 대신에 여섯 개의 조그마한 토르텔리니를 수프와 함께 나란히 놓는 '수프 속을 걷는 여섯 개의 토르텔리니'를 생각하게 되었다. 이 독창적인 음식은 자연에서 얻은 최고의 식자재를 사용해서 만들었기에 맛도 끝내줬다.

그는 새로운 분야를 개척한 셈이 되었다. 고전 음식을 자기만의 방식으로 해석한 것이다. 그의 천재성이 점점 알려지고 극찬하는 리뷰들이 계속되자 그는 이탈리아뿐만 아니라 전 세계적으로 유명해졌다. 그의 레스토랑 오스테리아 프란체스카나는 미슐랭 3스타를 획득했고, 2018년 세계 50대 베스트 레스토랑에서 1위를 차지했다.

페이스 오지어

페이스 오지어Faith Osier는 국제면역학회연맹IUIS의 회장으로 선출된 최초의 아프리카인이자 두 번째 여성이다. 그녀는 여러 수상 경력이 있는 케냐의 과학자이자 옥스퍼드대학교의 말라리아 면역학 교수로 말라리아 백신을 연구하고 있다. 그녀는 다양한 청중들에게 과학을 쉽게 전달하는 것을 좋아한다. 그녀는 TED의 인기 연사이기도 한데, 〈더 나은 말라리아 백신의 열쇠The Key to a Better Malaria Vaccine〉강연은 무려 150만 뷰를 기록했다.[1]

내가 그녀를 육각형 행동원칙의 사상가로 꼽은 이유는 그녀의 연구가 단순함에 초점을 맞추고 있기 때문이다. 그녀는

TED 강연에서 "발달한 이미징 기술과 오믹스 플랫폼이… 기생충이 실제로 얼마나 복잡한지에 대한 명확한 시각을 우리에게 제공했지만" 그럼에도 불구하고 백신 설계에 대한 일반적인 접근 방식은 아직 초보적인 수준이라고 주장했다. 그녀는 더 효과적인 백신을 만들기 위해서는 기본으로 돌아가야 한다고 말한다. 자연을 돌아보고 우리의 몸이 복잡성을 어떻게 다루는지 이해해야 한다는 것이다.

그녀가 주장했듯, 우리는 "최첨단 기술을 오래된 통찰"과 결합하는 것이 필요하다. 그녀의 연구팀은 말라리아에 자주 감염되는 사람들이 어떻게 하면 면역력을 얻을 수 있는지 알아내려고 했다. 그들은 현재까지의 연구 결과를 발전시키려고 노력했는데, 그 방법은 "30년간의 연구를 3개월간의 실험에 압축해넣은 것"이었다. 이 연구는 "성공적인 항체 반응은 어떻게 될까?"라는 단순한 질문으로 추진되었다. 그녀의 팀은 200개가 넘는 단백질을 식별해냈는데, 이 중 많은 종류가 말라리아 백신 후보 물질로는 거론되지 않던 것들이다. 그녀의 연구팀은 "말라리아 백신 연구에 필요한 돌파구를 마련할 수 있을 것"이라 믿고 있다.

강한 목적의식이 그녀를 움직였다. 그녀는 다음과 같이 말했다.

"말라리아를 근절하면 매년 50만 명의 목숨을 구할 수 있고, 2억 건의 말라리아 감염을 예방할 수 있습니다. 말라리아 때문에 아프리카에서는 연간 120억 달러를 들이고 있습니다. 이건 경제 문제이기도 합니다. 심플하게 말해서 이 문제를 해결하면 아프리카를 번영시킬 수 있습니다."

페이스는 다양성을 옹호하고 다른 사람들을 그녀와 함께 하도록 만드는 리더이다. 그녀는 아프리카 사람들에게 영감을 주고 있으며, 그들의 역량을 끌어올리고자 애쓰고 있다. 이것이 바로 그녀가 육각형 행동원칙 사상가인 이유다. 그녀는 과학과 리더십 분야의 국제 행사에 적극 참여하고 아프리카에 필요한 것을 제공하는 데에 열정적이다. 또한 스마트한 협업과 아이디어 공유에도 열정적이라서 실제로 그녀는 아프리카 과학자들의 네트워크인 SMARTSouth-South Malaria Antigen Research Partnership를 이끌고 있다.

사티시 쿠마르

"버튼을 눌러야겠다고 생각된다면, 잠시 멈추고 차 한 잔을 마셔라."

버튼과 차 한 잔이라는 말만 들으면 상황이 그다지 심각해 보이지 않겠지만 여기서 말하는 버튼이 핵무기 버튼이며, 전쟁 상황이라면 다른 의미로 다가올 것이다.

이 말은 인도 평화운동가 사티시 쿠마르Satish Kumar가 1970년 대에 핵무기 없는 세상에의 염원을 담은 캠페인 '평화 걷기Peace Walk'에서 뉴델리, 모스크바, 파리, 런던, 워싱턴 D.C.에 있는 각 나라의 지도자들을 향해서 한 말이다. 그는 오늘날 우리가 통상 적으로 볼 수 있는 행동가들과는 다른 모습을 보여준다. 그의 메시지는 매우 단순하고 직접적이다.

사티시 쿠마르는 인도의 라자스탄에서 태어나 9살에 가족 을 떠나 자이나교 승려가 되어 단순함을 옹호하는 삶을 살기 시 작했다. 내가 그를 만났을 때, 그는 70대로 영국에 살고 있었고, 겸손하고 탈속적이었다. 내가 주최한 한 소규모 강연에서 그 는 평화 걷기에 대해 자세히 들려주었다. 낮은 신분으로 태어났 고, 여행 수단과 기술도 부족했던 시대였음에도 사티시 쿠마르 는 세상을 바꿔야겠다는 생각으로 세상을 두 발로 돌아다니면 서 평화를 설파했다. 한 친구와 함께 20대의 사티시는 돈도 없 이 낯선 이들의 친절과 환대에만 의존하여 무려 8,000마일의 평 화 순례를 시작했다.

역과 역 사이를 걸어서 가본 적이 있는가? 그들은 인도에서 모스크바와 런던, 파리를 거쳐 미국까지 걸어갔다. 그저 세계 4대핵 보유국 리더들에게 '평화의 차peace tea'라는 메시지를 던지기 위해서였다.

"나는 8켤레의 신발을 신었고, 수많은 물집과 무릎 통증을 겪었으며, 해발 10,000~11,000피트의 산을 오르고 내려왔다가 다시 올랐다. 굶주림에 시달렸고, 정말 고통스러웠다."[2]

그는 50대에 접어들었을 때, 사랑과 자연을 찬양하기 위해 영국 부근의 성스러운 장소를 모두 돌아보며 2,000마일을 걸었다. 그는 심플함 그리고 자연과의 연결성을 옹호하는 사람이었다. 저서 『단순성의 품격Elegant Simplicity』에서 그는 이렇게 고백한다.

"나의 벗 메논과 내가 평화 걷기를 하는 동안 인도에서 파키스탄으로 가는 국경을 넘었을 때, 나는 이렇게 말했다. '우리가 인도인으로 간다면, 우린 파키스탄인, 러시아인 또는 미국인을 만나게 될 것입니다. 우리가 힌두교인으로 간다면, 우린 무슬림, 기독교인, 불교인 또는 유대인을 만나게 될 것입니다. 우리가 간디파로 간다면, 우린 자본가, 공산주의자 또는 사회주의자를 만나게 될 것입니다. 저는 인도인, 힌두교인, 간디파로 가고 싶지 않습니다. 저는 한 명의 인간으로서 가고 싶습니다. 그러면 어디를 가든 저는 인간을 만나게 될 것입니다. 그렇게 그들과 친구가 될 수 있을 겁니다.'"

사티시는 자연과 관련해서 이렇게 말했다.

"우리는 지구 공동체의 일부입니다. 나무들과 하늘을 나는 새, 벌과 말벌, 나비와 뱀, 호랑이와 코끼리는 모두 우리의 친척입니다."

사티시의 미션은 전 세계 현명한 지도자들의 머리와 가슴을 진정시키는 것이므로, 이는 육각형 행동원칙의 올바른 해석이라고 할 수 있다.

아 리 아 나 허 핑 턴

나는 과부하 시대의 사회적 건강에 관한 책 『완전한 연결』을 출판한 후 뉴욕에서 아리아나 허핑턴Arianna Huffington을 처음 만났다. 우리는 쉬지 않고 웰빙에 대해 이야기했고, 그녀는 나에게 새로운 웰빙 및 생산성 플랫폼인 '스라이브 글로벌'의 편집장이되어줄 수 있는지 물었다. 나는 즉시 동의했다. 그때 나는 딸과함께 있었는데, 대화에 끼어들 수 없었던 딸은 나중에 "엄마, 나는 좋은 만남일 줄 알고 있었어요"라고 말했다.

아리아나 허핑턴을 만난 사람이라면 누구나 그녀를 이렇게 기억할 것이다. 그녀는 아주 강한 성격이며, 그녀의 매력과 영향력은 매우 어려운 문제도 움직이게 한다. 아리아나는 폭넓은 지식을 가지고 있는 박식가이기도 하다. 그녀는 놀라울 정도로 일에 열심이고, 깊이 관여하며 팀을 구성해나간다. 그녀는 일벌의 보호를 받는 여왕벌이 아니라 사회 공동체를 만들어 나가는 건축가 벌이다. 또 사람들과 아이디어를 연결하는 걸 좋아하고 정치에서 비즈니스와 건강에 이르기까지 교차수분하는 걸 좋아한다. 카리스마 있는 그리스계 미국인이자 케임브리지대학교를 나온 페미니스트인 그녀는 관념론, 환경론, 예술을 옹호하는 사람이다. 《타임》지가 선정하는 세계에서 가장 영향력 있는 100인에 줄곧 이름을 올리곤 한다.

《허핑턴 포스트》라는 블로깅 플랫폼을 성공적으로 구축한 후, 그녀는 스라이브 글로벌과 함께 웰빙, 건강, 생산성 분야에 관심을 기울였고, 이에 관한 주제로 글을 써 세계적인 베스트셀러가 되었다. 그녀의 책 『제3의 성공』은 상시 온라인에 연결되어 있는 상태와 디지털 과부하를 전면에 내세우고, 우리의 삶을 조금 다르게 생각해보는 것을 주제로 한 첫 책이었다. 이 책을 쓴 후 그녀는 계속해서 『수면 혁명』이라는 책을 썼고, 이를 통해 수면이 모든 신체적 및 정신적 건강의 기본이라고 강조하며 거대한 움직임, 새로운 연구, 세계적 인식을 촉발시켰다.[3] 단순화 원칙의 여섯 면 모두를 그녀는 자신의 일에 녹여 내었다.

제시카 모리스

제시카 모리스Jessica Morris는 50대 영국 여성으로 커뮤니케이션 분야에서 활동했다. 어느 날 그녀는 하이킹을 나가기 하루 전에 의식을 잃고 쓰러졌다. 원인은 가장 치명적인 종류의 뇌암으로 알려진 신경교아세포종 때문이었다. 그녀와 가족, 주변 친구들에게는 정말 참담한 소식이었다. 그러나 수술은 성공적이었고, 그녀는 몇 주 만에 다시 일상으로 돌아왔다. 그러곤 그녀는 이제 '말기 신경교아세포종을 치료하는 일'에 평생을 바칠 것이라고 선언했다. 그녀는 환자들을 위한 첫 신경교아세포종 환자 데이터 수집 앱을 만들고 아워브레인뱅크OurBrainBank라는 비영리 단체를 설립하겠다고 밝혔다.[4] 그녀는 먼저 블로그를 시작했다. 그리고 페이스북 그룹을 만들었다. 아워브레인뱅크는 기금 모금을 위한 캠페인뿐 아니라 정책 변경 캠페인을 시작했다.

아워브레인뱅크의 요점은 디지털 시대에 연결이라는 기능을 수행하는 사회적 건강이다. 특히, 지식, 네트워크, 시간이 함께 잘 활용되도록 하는 것이다. 제시카는 임상 실험과 치료에 대한 지식이 환자들에게는 전달되지 않을 뿐 아니라 매일같이 변화하는 증상과 치료에 대한 반응이 의사에게 효과적으로 공유되지 않는다는 점을 깨달았다. 게다가 현재 임상 조건 자체에 관해서는 압도적인 정보 비만 상태임에도 그 정보들이 잘 공유되지 않는다는 문제가 있었다. 그래서 아워브레인뱅크 네트워크는 환자, 간병인 그리고 의사들 사이에 유용한 방식으로 정보를 명확하게, 그리고 간소화해서 전달하는 데 사용되고 있다.

또 시간은 어떤가. 대부분의 신경교아세포종 환자는 시간이 없다. 제시카는 환자들에게 시간이 별로 없다는 사실을 글과 방송으로 알림으로써 많은 사람들의 참여를 이끌고 있다. 그녀는 예리한 통찰력으로 뇌암 연구가 빠르게 발전하고 있다는 사실을 포착했으며, 타고난 의사소통 재능을 발휘하고 있다.

나는 제시카가 궁극적으로 비영리 운동가이며, 모든 국가, 모든 도시에 존재하는 비영리 운동가의 영웅이라고 말하고 싶다. 그녀는 여왕벌이자 동시에 일벌이다. 제시카가 가진 독특한 힘에 이끌려 사람들은 제시카를 따라 일한다. 하지만 제시카 역시 수술을 해도 며칠 이내에 다시 소매를 걷어 올리고 자신을 따르는 일벌들을 위해 싸우러 온다.

그녀는 암에 대한 인식과 분위기를 바꾸고 싶어 한다. 그것은 자신이 걸린 뇌암뿐 아니라 모든 암에 해당된다. 또한 그녀는 이를 위한 방법을 매우 정확하게 알고 있다. 그녀가 하는 모든 일에는 기하학, 패턴, 포커스, 생산성이 포함되어 있다. 게다가 창의성과 호기심까지 말이다. 그녀는 가능한 한 많은 정보를 알리고 공유함으로써 공동체에 힘을 불어넣고 있다.

그 레 타 툰 베 리

머리를 땋은 한 어린 스웨덴 소녀가 거리로 나와 '기후를 위한 학교 파업' 문구를 들고 있는 사진을 본 적이 있을 것이다. 사진 속 여성은 바로 기후 변화가 그레타 툰베리Greta Thunberg이다. 이 사진은 기후 변화 문제를 다루는 판도를 바꾸고 있으며, 전 세계의 지도자, 언론, 젊은이들과 기후 변화 운동가들에게 엄청난 힘을 불어넣고 있다. 그녀는 정치계에서 흔히 하는 주장들은 하지 않았다. 그녀가 쓴 페이스북 게시물을 보자.

> "그렇습니다. 기후 위기는 우리가 지금까지 직면한 문제 중 가장 복잡한 문제입니다. 이를 해결하려면 타협해선 안 됩니다. 반드시 온실가스 배출을 중단해야 합니다. 생존의 문제에서 타협할 수 있는 중간 영역이란 없습니다."

그레타 툰베리를 육각형 행동원칙 사상가로 꼽은 첫 번째 이유는 환경과 자연에 관한 그녀의 헌신 때문이고, 두 번째는 그녀가 보여주는 명확성과 결단력 때문이다. 세 번째는 그녀가 신경다양성을 존중하고 그녀의 다름을 중심에 둔 최초의 글로벌한 인물이기 때문이다. 실제로 페이스북에서 그녀는 자신의 아스퍼거 증후군에 관해 '선물'이라고 표현하면서 다음과 같이 말했다.

"내가 '정상'이고 사회적인 사람이었더라면 나는 조직에 들어갔거나 스스로 조직을 만들었을 것입니다. 하지만 저는 사회화에 능하지 못하기 때문에 대신에 이런 운동을 합니다."

그레타 툰베리는 자신의 개성을 받아들이는 모습과 두려워하지 않는 자세를 보여준다. 또한 그녀는 필요한 것과 불필요한 것을 구분하는 지혜도 가지고 있었다.

"저는 제가 필요하다고 생각될 때만 말합니다. 지금이 그때인 것 같습니다. 때로는 조용한 말이 소리치는 것보다 강력합니다."

그레타 툰베리는 2019년 《타임》지가 뽑은 올해의 인물로 선정되었으며, 그녀는 이름 따서 만든 '그레타 효과'는 그녀의 영향력을 전 세계적으로 보여주고 있다. 그 예로, 스웨덴에서는 비행기가 내뿜는 이산화탄소에 대한 우려로 철도 예약이 8퍼센트 증가했으며, 항공 여행 자제를 촉구하는 새로운 해시태그(#istayontheground)가 만들어졌다.[5]

Chapter 11

복잡한 세상에서의 역할

벌이 꿀을 빼는 곳에서, 나도 빤다,
앵초꽃 속에 나는 눕는다,
올빼미 울 때면 거기에 나는 웅크린다.
박쥐의 등을 타고서 명랑하게
나는 여름을 찾아 난다.
명랑하게, 명랑하게 이제 나는 살아가련다,
가지에 매달린 꽃송이 밑에서.
템페스트의 요정 아리엘

이 책을 쓰기 위해 조사를 하던 시기, 나는 웨일즈 한가운데에 위치한 브레콘 비콘즈 중앙에 있는 오두막에서 많은 시간을 보냈다. 그곳은 꿀벌이 인동덩굴에서 꿀을 빨아들이고, 창문 바로 앞에는 라벤더가 있으며, 통통한 소와 양들이 풀을 뜯고 있다. 나는 헤이온와이Hay on Wye라는 세계에서 가장 큰 중고 서점들이 모여 있는 마을에 간 적이 있는데, 그곳에서 열리는 북 페스티벌에서 쥘리앙 프랑송이 1939년에 펴낸 책인 『벌들의 마음』을 발견하게 되었다. 이 책에서 그는 꿀벌이 먹이를 찾을 때 하는 일에 대해 설명하고 있다.

"태양이 언덕 꼭대기에 걸릴 때쯤, 벌들이 싫어하는 추위와 폭풍우가 없다면, 벌들은 벌집에서 몸을 일으켜 나와서 꽃으로 이끄는 길에 몸을 맡기고 비행을 시작한다. 꿀과 꽃가루를 조달하는 것이 그들이 맡은 임무다."[1]

많은 사람들이 이 느낌을 알 것이다. 집에서 몸을 일으켜 나와서 마치 자동적으로 일하는 조종사처럼 맡은 임무를 수행할 때의 느낌 말이다. 내가 무엇을 하는지가 내가 누구인지를 정의하곤 한다. 사람처럼 벌들도 마찬가지로 매일, 매시간 자신이 하는 일을 인식할 수 있다. 이제 벌들이 수행하는 핵심 기능 중 여섯 가지를 소개해보고자 한다.

1. 벌들은 생명을 창조하고 양육한다.
2. 벌들은 자신들이 사는 곳과 일하는 곳을 구축하고 수리한다.
3. 벌들은 상품을 생산하고 저장하기 위해 먼저 수집한다.
4. 벌들은 다른 생물이 번성하게 한다(교차수분).
5. 벌들은 매우 효율적으로 일하고, 휴식도 하고 보충도 한다.
6. 마지막으로, 벌들도 의사소통을 한다.

벌들의 여섯 가지 역할

역할극

벌들은 우리가 생각하는 것보다 훨씬 다양하다. 꿀벌만 해도 2만 개의 서로 다른 종들이 있다. 흰개미와 같은 사회적 곤충에 대한 연구가 계속하여 진행되고 있는데, 어쩌면 우리가 알고 있는 것은 겨우 시작에 불과할 수도 있다.[2] (흰개미가 다 부지런히 일하는 것은 아니라는 점이 밝혀졌다. 적외선으로 조사한 결과, 일부는 좋게 말해 게으름뱅이지만, 다른 일부는 또 워커홀릭이었다. 인간 사회와 비슷하지 않은가?)

하지만 우리가 육각형 행동원칙과 관련해 살펴보고자 하는 벌과 꿀벌들의 개성은 어느 정도는 고정된 역할을 포함하고 있다. 예를 들어 벌들의 사회에는 한 마리의 여왕벌과 수만 마리의 암컷 일벌이 있고 적은 수의 수벌이 있다. 벌들은 자신에게 주어진 역할만 한다. 여왕벌은 알을 낳고, 일벌은 육각 벌통 안에서 알을 따뜻하게 관리하는 것에서부터 먹이를 찾으러 나갔다가 다시 돌아와 엉덩이춤을 추는 것까지 다양한 일을 수행한다. 그렇다. 엉덩이춤은 벌들이 맡은 중요한 역할 중 하나다. 일벌들은 수집한 꽃가루에 대한 정보, 즉 꽃가루가 있는 가장 가까운 곳이 어디인지 그 위치를 정확하게 다른 벌들에게 알려준다.

커리어를 전환하려는 사람들에게 조언을 할 때, 나는 종종 다음 단계에서 할 수 있는 역할을 매우 구체적으로 파악해보라고 요청한다. 하지만 때때로 잘 모르겠다는 표정을 짓거나 두려운 얼굴을 하는 사람들을 만난다. 이런 사람들에게 벌들이 하는 여러 역할을 관찰해보는 것이 도움이 되리라 생각한다.

1. 춤추는 벌: 벌들이 추는 춤은 매우 뛰어난 기술이다. 나도 이 기술을 가지고 있는 것 같다(아이러니하게도 진짜 몸으로 추는 춤은 못 추지만). 만일 누군가 훌륭한 커뮤니케이터라면, 그건 연설문을 작성하는 것에서부터 국제적 커뮤니케이션을 하는 능력까지 고루 갖추고 있다는 걸 말한다. 또는 전반적으로 사람을 잘 다루는 기술이 있다는 것을 뜻한다. 만일 사람들이 당신에게 신뢰를 표하고 당신의 말에 귀 기울여 준다면, 당신은 사람들로부터 가치 있는 정보를 조사하고 축적할 수 있을 것이다.

2. 여왕벌(또는 리더): 당신은 여왕벌에 대해 얼마나 알고 있는가? 여왕벌이 된다는 것은 자신이 속한 무리에서 리더의 위치에 오르는 것을 의미한다. 당신은 어떠한 리더인가? 팀원들에게 신뢰를 주는 리더가 되는 일은 쉬운 것이 아니다. 존경할 만한 사람이어야 하고 그룹의 생존에 필수적인 사람으로 보여야 하기 때문이다.

3. 먹이를 찾는 벌: 먹이를 찾는 일벌들은 밖으로 나가서 꿀을 찾는다. 사람으로 생각하면 영업이나 개발, 채용을 담당하는 부류라고 할 수 있다. 혹시 먹이를 찾는 일벌이거나 이와 비슷한 역할을 맡아 하고 있는가? 혹시 당신이 프리랜서이거나 포트폴리오를 만들어 나가는 중이라면 많은 것들을 준비해두어야 한다. 내가 코치하는 사람들 중 많은 이들이 일벌의 역할을 하기 위해 현장으로 나갔으나 쉽지 않았다고 한다.

4. 수분하는 벌: 벌들은 수백만 종류의 꽃과 작물을 수분해서 인간이 먹는 대부분의 음식 재료를 만든다. 벌들이 없었더라면 인간은 생존을 위해 고군분투해야 했을 것이다. 인간으로 치면 여러 생각들을 교차수분하고 네트워크 이론에서 말하는 '경계 연결'에 참여할 수 있는 사람들은 모두 사회에서 매우 가치 있는 구성원들이다. 이들은 퍼뜨리고, 모으고, 혼합하기는 하지만 그만큼 소비는 하지 않는다.

5. 일벌: 일벌은 가족을 늘리는 데에 핵심적인 역할을 한다. 일벌들은 자신의 몸에서 만들어지는 밀랍으로 벌집을 만든다. 또 꿀을 만드는 데 사용되는, 밖에서 따온 꽃의 꿀을 수집하기도 한다. 게다가 일을 매우 열심히 한다. 뭔가를 하는 데 있어 불평이 없다. 사실 이 점이 종종 간과된다. 일벌은 생산성의 핵심이다. 당

신이 속한 조직이 어떤 곳이든 조직의 생산성을 높이기 위해 어떻게 기여할지를 명확히 알고 있다면, 그것만으로도 가치 있다.

6. 관리인 벌: 벌들은 특히 살림에 능하다. 그래서 생산성이 높은 것이다. 낭비되는 것이 없고, 많은 것들이 재활용된다. 일벌들은 알과 유충들을 관리하고 새끼 벌들을 키우고 집을 깨끗이 청소하고 벌 시체와 기타 잔해를 치우고 집을 방어하고 여왕벌에게 먹이를 준다. 이들의 역할은 어쩌면 말 그대로 집을 관리하는 것일 수 있다. 사람으로 치면 관리자의 역할이다.

인간과 벌은 분명 차이가 있다. "벌이 되세요"라는 나의 권유를 문자 그대로 생각하지 않았으면 좋겠다. 그래도 정말로 단순화 원칙을 스스로에게 적용해보고자 한다면, 그리고 '단순성을 유지하라'와 '자연에서 배워라'라는 원칙을 배우고자 한다면, 벌들이 서로 다른 역할을 맡아 스스로를 관리하는 방법과 그들의 사회적인 특성은 본받을 만하다.

지금까지 당신이 읽은 내용이 새롭고 개선된 삶의 방식을 찾아나서는 데 동기를 부여했기를 바란다. 남은 것은 당신과 공유하려고 만든 내용을 되짚어 보는 것이다. 어디에 집중할지 찾아보기 바란다.

Chapter 12

평생 붙들고 갈 도구

연습이 완벽을 만든다고들 한다. 숫자 6의 가장 좋은 점은 육각형이 지닌 변의 개수라는 것 말고도 수학적으로 완전하다는 것이다. 그러니 각자의 육각형 행동원칙을 반복적으로 연습해서 어떤 것이 각자의 삶에 적용했을 때 가장 잘 작동할 수 있는지 알아보자.

여기에서는 몇 가지 행동지향적인 아이디어를 제시하고자 한다. 즉, 말이 아니라 행동하는 것이다. 먼저 단순화 원칙 여섯 개와 각각의 여섯 가지 해결책을 다시 한번 짚고 넘어가도록 하자.

1. 명료함

명료하면 단순해진다. 우왕좌왕하고 혼란스러운 것보다 더 최악인 것은 없다. 지연, 의사소통 실패, 불신을 초래하기 때문이다. 당신이 어떤 것에 대해 명료하게 이해하고 있고, 그 이해를 다른 이들과 공유하는 것은 모두를 이롭게 하는 일이다. 반면 명료하지 못할 경우에는 지식과 정보의 흐름에 치명적인 영향을 미친다. 명료함을 만드는 여섯 가지 핵심 요소는 의사결정, 주목, 목적, 습관, 경계, 관리이다. 나에게 명료함에 대해 가장 많이 말해주는 것은 바로 유기체의 생명을 이루는 주요 요소인 탄소가 만들어내는 육각형 구조이다.

명료함의 여섯 가지 해결책

1. **의사결정의 피로함을 피하자.** 결정을 미루는 행동은 일을 지연시키고, 피로감을 주고, 복잡성을 증가시킨다. 육각형 행동 원칙을 적용해 선택의 중심을 잡자.

2. **주의 집중을 하자.** 스크롤을 하면 할수록 다시 업무에 집중하기 위해 걸리는 23분 15초의 시간을 낭비하는 셈이다. 무한 스크롤의 굴레에 빠지지 말자.

3. **새로운 습관 만들기.** 하루 루틴을 돌아보며 나쁜 습관은 없는지 점검하고 새로운 습관을 만들기 위해 해야 할 일은 무엇

인지 생각해보자.

4. **생산성의 해답을 찾자.** 당신의 일과 삶은 효율적으로 돌아가고 있는가? 그렇지 않다면 그 이유는 무엇인가? 우리는 그 답을 목적성에서 찾을 수 있다.

5. **"아니요"라고 말하자.** "예스"라고 말해야 할 일이 무엇인지 정하고, "아니요"라고 말하길 두려워하지 말자. 경계를 긋는 것은 현명한 행동이다.

6. **깔끔하게 치우자.** 삶을 어수선하게 만드는 것들을 재정비해야 한다. 잡동사니들을 걷어내고 필요한 것들을 바로 찾을 수 있도록 주변을 정리하자.

2. 개성

내가 누구인지를 분명히 하다. 디지털 시대에 우리는 인간과 기계의 경계를 명확히 해야 한다. 기계는 새롭게 만들어낸 기회만큼이나 엄청난 불안과 혼란을 초래하기 때문이다. 급변하는 세상에서 우리로 하여금 안정을 유지하게 해주는 여섯 가지 요소는 바로 정체성, 디지털 자아, 신경다양성, 창의성, 무결성, 그리고 장소에 대한 날카로운 감각이다. 개성을 상징하는 것은 바로 눈의 결정이다. 실제로 세상의 어떤 눈 결정도 똑같은 것은 없다.

개성의 여섯 가지 해결책

1. **눈 결정이 되자.** '눈 결정'을 떠올리며 예민함을 부정적인 개념이 아니라 자신의 개성을 결정짓는 고유한 특징으로 생각하자.

2. **진정한 자아를 잃어버리지 말라.** 온라인 세계에서의 나와 오프라인 세계에서의 나는 서로 다를 수 있다. 디지털 자아가 현실 자아를 위협하지 않도록 주의해야 한다.

3. **집단 사고를 경계하자.** 다른 사람들이 맹신하는 일을 그저 따라가는 것은 열린 마인드가 아닌 닫힌 마인드로 이어진다. 충분히 다른 사람들과 다른 견해를 가질 수 있다는 사실을 기억하자.

4. **창의적인 습관을 길러라.** 창의성은 우리 내부에 내재되어 있다. 잠자는 나의 창의성을 깨울 일상의 루틴을 만들어라. 또한 창의성을 가로막고 있는 장애물을 제거하라.

5. **진실한 사람은 단순하다.** 거짓말은 스스로를 복잡성의 거미줄에 빠져버리게 한다. 주장하기, 동정하기, 타협하기를 기억하고 실천하자.

6. **공간에 대해 알자.** 사는 곳과 일하는 곳은 자신의 정체성을 말해준다. 장소를 이동하는 데에 너무 많은 시간을 허비하고 있다면 이를 줄이려는 노력이 필요하다.

3. 리셋

스위치를 끄고 제로 만들기. 우리는 수면에 대해서는 잘 알고 있지만, 휴식하는 것과 리셋에 대해서는 잘 모르고 있는 듯하다. 전 세계를 휩쓸고 있는 스트레스라는 전염병의 원인 중 하나는 바로 '늘 연결되어 있는 상태'이다. 이 문제를 해결하기 위해 내가 제안하는 여섯 가지 방법은 해방, 마음 비우기, 호기심, 자연, 호흡, 재미이다. 리셋을 가장 잘 나타내는 육각형은 무엇일까? 바로 퀼트이다. 퀼트는 육각형을 패턴의 중심에 두는 아름다운 예술이자 공예 활동이다.

리셋의 여섯 가지 해결책

1. *제로 설정하기.* 오프 스위치를 눌러서 온라인 상태에서 벗어나는 것만큼 해방감을 주는 건 드물다. 당신의 긴장감 레벨을 제로로 돌려놓기 위해 어떤 것이 필요한지 알아보도록 하자.

2. *마음 비우기.* 잠시 고요함 속으로 들어가 보자. 명상도 하나의 방법이 될 수 있지만, 다른 사람들이 한다고 따라 할 필요는 없다. 스위치를 끄는 데에 무엇이 도움이 되는지, 어떤 것이 자신의 창의성을 자극하는지 발견하도록 하자.

3. *능동적 휴식.* 환경에 변화를 주어 내 안의 호기심이 아이디

어, 영감, 에너지의 연료가 되도록 하자. 무슨 일이 벌어지고 있는지 알아차리고 어디에 있든 여행자처럼 살자. 그리고 새로운 관점을 얻어 돌아오자.

4. **벌과 나무가 있는 곳으로!** 자연의 리듬과 속도에 다시 스스로를 연결하고 자연 속으로 들어가기 전과 무엇이 달라졌는지 비교해보자.

5. **호흡하고 숨 고르기.** 종종 빠른 리셋이 필요할 때가 있다. 어떤 일이 너무 격앙될 때, 스스로의 호흡에 집중하거나 숨을 고르는 것이 당신을 차분하게 만들어줄 수 있다.

6. **재미 찾기.** 언제 해도 재미있는 활동을 찾도록 하자. 하루 동안 웃을 일이 없었다면 삶을 즐기고 있지 못하다는 증거다.

4 . 지 식

정보 비만에서 벗어나라. 다이어트나 운동으로 신체적 건강을 관리하듯이 디지털 정보 비만 시대의 한가운데 살고 있는 우리는 사회적 건강을 관리해야 한다. 정보 비만을 방지하기 위한 여섯 가지 처방은 바로 신뢰, 지혜, 모르는 것을 아는 것, 배우기, 큐레이팅하기, 그리고 기억하기다. 이를 가장 잘 설명하는 상징물은 무엇일까? 아마 태양계의 여섯 번째 행성인 토성을 감싸고 있는 구름 패턴일 것이다.

지식의 여섯 가지 해결책

1. **신뢰를 우선시하자.** 거짓과 사실을 구별하기 위해서는 단순해지려고 노력하고 이를 유지해야 한다. 어떤 것을 믿고 싶어서 스스로 눈을 감아버린 것은 아닌지 생각해보라. 그런 다음 한 발짝 뒤로 물러서서 믿고자 하는 것의 출처를 따라가 보자.

2. **더듬이를 사용하자.** 지혜는 경험과 느낌을 지식과 결합한다. 벌들이 더듬이를 사용하듯이 자신의 더듬이를 사용해보자. 즉, 여섯 번째 감각을 활용하는 것이다.

3. **모른다고 알고 있는 것들을 찾아보자.** 할 수 있는 한 내가 모르고 있다고 생각하는 것들을 예측하고 상상해보자. 모르는 것이 있다는 사실을 받아들이되, 무언가를 할 수 있는 가능성을 무시하는 오류를 범하지는 말자.

4. **소프트 기술 혁명에 참여하자.** 하드 기술보다 소프트 기술이 더 중요한 시대에 살고 있다. 당신은 협상을 잘하고, 대화에 능숙하며, 잘 공감할 수 있는가?

5. **지식 대시보드를 활용하자.** 무엇이 필요한지 알려면 무엇을 빼야 할지부터 정해야 한다. TMI라는 지방 조직을 잘라내도록 하자.

6. 복잡성 커브볼을 피하자. 복잡성이라는 커브볼에 운명을 맡기기보다는 알아야 할 것과 기억할 수 있는 것들에 집중하자.

5. 네트워크

작은 조직이 더 강력하다. 네트워크는 자연에서나 기술에서나 모든 것의 토대가 된다. 네트워크에 대해 많이 알면 알수록 풍부한 네트워크를 더 잘 만들어낼 수 있다. 네트워크에 필요한 여섯 가지는 의사소통의 계층구조, 초개체, 직장 네트워크, 그리고 사회적 자본, 살롱, 사회적 숫자 6이다. 네트워크를 가장 잘 설명하는 상징물은 벌집이다. 벌집 안 방들의 네트워크는 전부 육각형으로 만들어져 있다. 그리고 벌집은 이 육각형 방들을 기반으로 번성해나간다.

네트워크의 여섯 가지 해결책

1. 소셜 미디어 밖으로 나와 직접 대면을 하자. 당신도 화면상의 네트워크 뒤에 숨어 있는가? 훨씬 더 많은 시간이 필요할 수 있으나, 진짜 가치는 서로 대면할 때 드러난다는 사실을 기억하자.

2. 데이터베이스가 아닌 사람베이스로 사고하자. 숫자로 불리길 원

하는 사람은 없다. 당신이 알고 있는 사람이 누군지, 또 그 사람들과 어떻게 소통하는지를 관계의 양이 아니라 질로 조직화하자.

3. **진짜 네트워크는 자연스럽다.** 이 관계로부터 무엇을 얻을 수 있을지 생각하고 있는가? 단단한 네트워크는 사람을 우선순위에 두는 태도에서 생겨난다.

4. **사회자본 만들기.** 벌들처럼 인간도 교차수분을 할 수 있다. 당신 주변의 다양성을 품고 서로 돕는 관계를 만들어라.

5. **회의실이 아닌 살롱.** 단단한 네트워크를 구축하고 싶다면 소규모 살롱을 조직하라. 대규모 콘퍼런스보다 더 많은 유익을 경험할 수 있다.

6. **사회적 숫자 6.** 잠시 하던 일을 멈추고 자신의 '숫자 6'을 찾아보자. 자신에게 가장 중요한 사람 여섯 명은 누구이며, 일을 할 때 믿을 수 있는 사람이 누구인지 생각해보자.

6. 시간

시간의 통제권을 가져라. 일정을 어떻게 채워 넣느냐는 무엇을 먹는지, 무엇을 마시는지만큼이나 중요한 문제다. 우리는 하루 평균 여섯 시간을 온라인에 접속해 있다. 어떻게 하면 시간을 보다 현명하게 사용할 수 있을까? 시간을 효율적으로 사용하기 위한 여섯 가지 도구는 데드라인, 스케줄, 표준시간대, 중단, 체내 시계, 그리고 과거와 현재이다. 시간을 표현하는 육각형은 비눗방울이다. 많은 비눗방울이 서로 접촉할 때 신기하게도 육각형의 벌집 패턴을 만들어내는 것을 볼 수 있다. 육각형은 가장 효율적인 형태이기 때문이다. 나는 이러한 현상이 바로 우리 인간들이 자연스럽게 어질러져 있던 상태에서 삶의 질서와 효율을 찾아 나가는 과정과 비슷하다고 본다.

시간의 여섯 가지 해결책

1. 불필요한 데드라인을 만들지 말자. 데드라인은 타인이 아니라 스스로 만들자. 또한 데드라인과 타임라인을 활용할 때 이 점을 염두에 두자. 현실적인가? 꼭 지켜야 하는가? 아니면 다른 방법이 있는가?

2. 자기 자신의 통제권을 유지하자. 시간은 소중한 자산으로 능동적으로 관리해야 한다. 시간을 통제한다면 더 높은 생산성을 얻을 수 있다.

3. 프리랜서의 삶을 준비하자. (아직) 프리랜서가 아니더라도, 다른 사람들과 일하는 시간을 유동적으로 조율하는 방법을 터득하자.

4. 딥 워크를 방해하지 말라. 일이 중단되는 것은 우리의 에너지

와 시간을 낭비하게 만든다. 깊은 몰입과 집중이 필요한 일을 할 때는 방해받지 않도록 경계를 설정하라.

5. 체내 시계를 따라라. 당신의 몸은 당신에게 시간을 어떻게 관리해야 할지 알려주고 있다. 바깥 시계를 바라보기 전에 먼저 자신의 체내 시계를 들여다보자.

6. 현재의 순간을 살자. 지금 당신의 삶과 필요한 것에 초점을 맞추고, 과거에 일어난 일이 아니라 현재 하고 싶은 일을 하자.

여섯 가지 추가 아이디어

이제 여섯 가지 추가적인 아이디어를 살펴보자. 육각형으로 된 종이나 노트패드를 활용하기를 추천한다. 육각형을 살피면서 육각형의 면, 여섯 개라는 개수, 연결되는 패턴 등을 시각적으로 생각해보고, 이 아이디어를 단어 기반 방식으로 따라가 보기를 바란다.

1. 육각형의 절반

문제를 공유하면 절반으로 줄어든다고 한다. 그럼 육각형은 어떨까? 육각형 행동원칙 실천가들은 문제를 서로 공유하고 교차수분해서 솔루션으로 이어지게 만든다. 먼저 현재 진행 중인

인생에서 중요한 6가지만 기억하라

문제 세 가지를 확인해보자. 그리고 육각형에 그 대상을 적되, 반으로 나누자. 육각형의 위쪽 절반에는 문제를 쓰고 아래쪽 절반에는 가능한 해결책을 적는 것이다. 그러고 나서 특정한 문제를 함께 의논할 수 있는 사람을 떠올려 보자. '사회적 인간관계 여섯 명' 중 한 명이 될 수도 있다. 떠올린 사람(들)이 새로운 관점을 얻는 데 도움이 될 수 있는지, 자신의 입장과 다른 입장이 되어보는 데 도움이 될 수 있을지 생각해보자.

2. 육각형 마인드맵 만들기

육각형 마인드맵은 당신이 집중하고 싶은 면과 측면들을 가지고 그려보는 마인드맵이다. 육각형 행동원칙은 일종의 프레임워크이지, 엄격한 규칙이 아니다. 그리고 육각형은 웬만하면 그릴 수 있다. 먼저 집중하고 싶은 육각형에 제목을 붙이고 그 육각형의 여섯 개 면을 중요도나 겹침에 따라 구분한다. 서로 다른 문제를 선으로 잇는데, 이때 모눈종이를 활용하면 선을 긋는 데 도움이 될 것이다. 이때 다른 선들에 비해 상당히 긴 선이 있거나 문제들끼리 상당히 밀집돼 있으면 참 흥미롭다.

3. 개별 시간대

종종 내가 무엇을 했는지 또는 뭘 해야 할지 기억나지 않는다면(마치 시차증처럼), 개별 시간대를 한번 만들어보길 바란다.

개별 시간대란, 내가 무엇을 언제 하는지에 대한 일련의 일간 시간표를 말한다. 아무도 기계처럼 하루 종일 쉬지 않고 움직일 순 없다. 대부분의 사람들은 하루 중 약 15시간 정도 깨어 있다. 이 중에서 생활을 유지하는 데 드는 4시간은 빼야 한다. 그렇다면 하루 중 무언가에 대해 창의적으로 생각하며 다른 사람들과 관계를 맺고 심플함을 유지하는 데 쓸 수 있는 시간은 고작 12시간뿐이다.

프레임워크를 만들듯, 먼저 하루를 각각 2시간씩 6개 섹션으로 나눠보자. 그리고 당신이 매일같이 규칙적으로 하는 활동 6가지를 적어보자. 이때 주의할 점은, 유동성을 염두에 두되, 활동들은 일단 고정되어야 한다. 효율성을 위해 대상을 묶거나 그룹화하고, 그러면서도 지루해지거나 한 장소에 너무 오래 머무르는 걸 피하기 위해 충분한 공간과 변화를 허용해둔다. 자기 자신에게 맞춰 작성해야겠지만, 일반적인 템플릿을 참고해도 좋다.

1. **이동**: 걸어서 이동하는가? 아니면 지하철이나 차로 이동하는가? 이때 주로 무엇을 하는지 생각해보자. 무엇인가를 생각하는지, 노래나 팟캐스트를 듣는지, 누군가와 통화하는지 등.

2. **프로세스**: 받은 편지함을 보는 일과 점심 도시락을 준비하

인생에서 중요한 6가지만 기억하라

는 일을 생각해보자. 사회적인 활동을 했다가 말았다가 함으로써 이 두 활동을 섞지 말길 바란다. 그리고 이때는 부디 멀티가 아닌 한 가지 일만 하자.

3. **사람:** 누가 필요하고, 또 누가 보고 싶고, 누구와 식사하고 싶고, 누구와 수다 떨고 싶은가? 네트워크의 의사소통 위계를 기억하자. 만나야 할 사람을 만날 때에는 돈에 인색하지 말자.

4. **프로젝트:** 부엌 정리에서 글쓰기에 이르기까지 눈에 띄는 결과가 나오는 일을 하루 2시간씩 보내지 않으면, 잘못된 시간대로 가서 시차증을 느끼는 기분이다. 매일 해야 할 것만 추려서 시도하고 완료하자.

5. **마음 비우기:** 하루에 20분 만이라도 리셋 모드에 돌입하자. 또는 멀티태스킹을 하지 말고 세 번의 휴식을 취하자. 멀티태스킹은 절대 휴식이 될 수 없다.

6. **몸:** 체조와 움직임이 중요하다. 하지만 무엇보다도 디지털 활동을 줄이는 게 중요하다. 디지털 활동을 제한하는 시간대 설정이 매일 필요하다.

4. 여섯 개 목록

목록 작성을 좋아하지 않는 사람이 있을까? 목록 작성은 '해야 할 일'을 제한할 수 있고, '언제 해야 하는지'도 정리할 수 있다. 여섯 개 목록은 즐거운 일부터 골치 아픈 일까지 그 일을 다루는 여섯 가지 방식에 따라 구분해볼 수 있다. 예시를 보자.

1. 6분간 가만히 문제를 가지고 앉아서 앞과 뒤를 검토해보기.
2. 주변의 사회적 인간관계 여섯 명을 떠올려 브레인스토밍을 하거나 소셜 이벤트 만들기.
3. 6일, 6주, 6개월 단위로 생각해보자. 뭐가 보이는가? 육각형 마인드맵으로 계획해보자.
4. 해야 할 일 목록에 여섯 가지 적어 보기. 아리아나 허핑턴과 워런 버핏처럼 행동하고 복잡성을 줄이자.
5. 나만의 지식 대시보드를 만들고 나만의 정보원을 선별해보자.
6. 휴식하는 토요일을 보내자. 일주일에 한 번은 완전한 휴식과 리셋, 그리고 초점을 다시 맞추는 일이 필요하다.

5. 새해 결심

하루를 해야 할 여섯 가지 일로 나누는, 조금 다른 방식으로 시간을 나눠 보았는가? 그렇다면 이제 일 년 단위는 어떤가? 다이어트 결심처럼 너무 일찍 사그라지는 새해 결심을 도와줄 방법이 있다. 나는 새해마다 여섯 개의 목표를 세운다. 구체적인 목표일 때도 있고('스페인어 배우기' 또는 '수요일 저녁마다 데이트하기'), 넓고 추상적인 목표일 때도 있다('관대함과 동정심 더 갖기' 또는 '나의 개성을 유지하고 더 드러내기'). 그리고 이 목표들을 6주마다 체크한다. 목표의 개수보다 중요한 건, 의지를 가지고 스스로를 되돌아보는 것이다. 단순하게 유지하되 열정을 잃지는 말자. 삶의 목표에 맞게, 크게 생각하자!

6. 육각형과 꿀벌

마지막으로 속도를 늦추고 규모를 줄이며 자연이 가르쳐주는 단순한 솔루션을 찾는 방법을 생각해보자. 해야 할 여섯 가지 일은 다음과 같다.

1. 디지털 기기를 사용하는 대신, 여섯 시간 동안만 펜과 종이를 사용해보자.
2. '자유로운 복장의 금요일' 대신 '얼굴 보는 금요일'을 정하자. 이 날만큼은 사람들을 가상 세계에서가 아니라 현실 세계에서 보는 것이다.
3. 벌들을 위한 꽃을 심어보자.
4. 속도를 늦추고 천천히 걸어보자. 할 수 있다면 일주일에 최소 여섯 번씩 해보자.

5. 규모를 줄이자. 활동을 덜 하고 성취는 더 많이 하자. 단순함을 유지하면 된다.

6. 햇빛이 내려앉는 장소에 앉아서 그대로 있어 보자.

이 책을 내려놓고 60초 동안 잠시 생각해보자. 바로 머릿속에 들어오는 생각이 무엇인가? 대부분의 사람들은 이 연습을 처음 시작했을 때 묘하게 압박받는 느낌이 든다고 한다. 하지만 조금만 참길 바란다. 마치 벌이 된듯 계속하길 바란다. 세상엔 창의적이고 개성 있으며 힘 있게 윙윙거리는 당신이 필요하다. 심플함을 유지하자. 자연으로부터 배우자. 행운을 빈다. 그리고 나와 함께 이 여정을 함께 해주어 감사하다.

감사의 말

여러 아이디어를 하나의 벌집으로 엮을 수 있게 도와주신 모든 분들께 감사의 말을 전한다. 코건 페이지의 훌륭한 팀과 크리스 쿠드모어, 헬렌 코건, 자이니 하리아, 마틴 힐, 수전 호지슨과 에이미 조이너, 잉그람 출판 서비스의 킴 와일리, 스미스 퍼블리시티의 마리사 아이젠브루드와 마이크 오노라토, 이디 퍼블릭 릴레이션의 쇼나 아브히안카르에게 특별히 감사의 인사를 드린다. 또한 피에프디의 엘리자베스 셰인크먼과 스피커 아이디어스의 이튼 존에게도 감사를 전한다. 사실 관계 확인을 도와준 레이첼 호리과 편집 자문을 해준 레슬리 레벤에게도 감사하다. 에디토리얼 인텔리전스에서 나와 함께해준 로라 무진스, 소피 레이디스, 샤니스 쉴드스-밀드스, 카렌 퍼사드, 헤이덴 브라운을 비롯한 완벽한 팀에게도 감사의 마음을 전한다. 이렇게 놀라운

전문가들과 함께 일하게 되어 정말 운이 좋았다.

늘 응원을 아끼지 않은 알라릭과 우리 아이들 로만, 아노슈카, 울프강, 그리고 형제인 레이첼과 맥스에도 고맙다. 어머니 마를렌과 동생 앤디, 친척들에게도 고맙다. 미치, 레비, 대플도 빼놓을 수 없다. 책을 쓴다는 건 솔직히 말해 고통스런 작업이다. 중요한 순간마다 톰 아데율라, 제이미 바틀렛, 루이스 체스터, 앤드류 데이비드슨, 엠마 길핀-제이콥, 헨리 슈발리에 길드, 찰스 핸디, 아리아나 허핑턴, 헤르미니아 이바라, 존 켈리, 젬마 라인스, 소피 레비, 조이 로 디코, 엠마 넬슨, 브리짓 니콜스, 토니 맨와링, 제시카 모리스, 탄야 머피, 헤르미언 무리닉, 랄린 폴, 매트 피콕, 림마 페를뮤터, 에블린 레이놀드, 해리 리치, 스테판 스턴, 잭 스토에거와 레이첼 워드로부터 격려와 피드백을 받았다. 너무나 감사드린다. 책 홍보 그림을 그려준 리즈 데 플란타에게도 감사하다. 고마워, 나의 친구.

또 런던 코치 엔드에 위치한 모멘토 프린트의 브라이언과 앨리엇에게 감사 인사를 전한다. 책의 진행 상황을 두루뭉술하게 계획했는데 잘 이끌어주었다. 멋진 에너지를 전해준 런던 모리머가의 사이클 팀과 특히 애드 레몬과 케스키에 감사의 마음을 전한다. 또한 육각형과 육각 모양을 한 사물의 사진을 계속 보내준 젠 팔머-바이올렛과 루팔 칸타리아에게 고맙다. 정말 감동이었어요! 마지막으로, 무스웰 힐에 있는 더 랩의 더 주스 바 팀 모두에게 감사를 드린다. 커피를 들고 와서 헤드폰을 낀 채 내내 고개를 숙이고 있는 나를 늘 미소로 바라봐주어 진심으로 고맙다.

주

들어가며

1　M. Kaku. *The Future of the Mind: The scientific quest to understand, enhance, and empower the mind*, Doubleday, 2014

2　L. Schenkman. In the brain, seven is a magic number, Inside Science, 23 November 2009

3　사회적 건강 개념에 대한 더 자세한 정보는 thriveglobal.com으로.

4　'Tri'. How you can train your brain to create new habits, Examined Existence 블로그, 날짜 없음.

1장 삶에는 균형이 필요하다 : 단순성 스펙트럼

1　J. Schultz. How much data is created on the internet each day? Micro Focus blog, 6 August 2019

2　D. A. Norman. *Living with Complexity*, MIT Press, 2016

3　T. Harford. *Messy: How to be creative and resilient in a tidy-minded world*, Little, Brown, 2018

4　M. Maeterlinck. *The Life of the Bee*, Blue Ribbon Books (New York), 1901

5   *Health and safety at work:Summary statistics for Great Britain 2018*, Health and Safety Executive

6   T. Cox, A. J. Griffiths and E. Rial-Gonzalez. *Research on Work-related Stress*. Report to the European Agency for Safety and Health at Work, 2000

7   Calculating the cost of work-related stress and psychosocial risks, European Risk Observatory Literature Review, 2014

8   Suicide: One person dies every 40 seconds, World Health Organization, 2019

9   N. Karlis. Why we feel anxious without knowing why, *Salon*, 24 January 2019

10   M. Bunge. The complexity of simplicity, *Journal of Philosophy*, 59 (5), 1962

11   L. Jackson and R. Cracknell. Road accident casualties in Britain and the world, UK Parliament Research briefings, 2018

12   World Health Organization. Mobile phone use: A growing problem of driver distraction, 2011

2장 숫자 6의 파워 : 육각형 행동원칙

1   M. McKay. The hexagon (a eulogy), Misfits' Architecture blog, 2 April 2018

2   숫자 6은 약수의 곱이자 합이기도 해서(1 + 2 + 3 = 1 × 2 × 3) '완벽한 수'로 불린다.

3   유클리드의 기하학 공리에 대한 리처드 피츠패트릭의 번역을 University of Texas at Austin에서 무료로 다운로드받을 수 있음.

4   1955년 G. A. Miller에 의해 처음 언급됨 - G A Miller. The magical number seven, plus or minus two: Some limits on our capacity for processing information, *Psychological Review*, 63 (2), 1956

5   A. A. Milne. *Now We Are Six*, Methuen, 1927

6   L. Margonelli. *Underbug: An obsessive tale of termites and technology,* Scientific American/Farrar Straus & Giroux, 2018

7   C. J. H. Concio. Bees declared to be the most important living being on earth, *Science Times*, 9 July 2019

8   L. Paull. *The Bees*, Fourth Estate, 2015

9   Saturn's Hexagon could be an enormous tower, astronomy.com, 2018; L. N. Fletcher, G. S. Orton, J. A. Sinclair *et al*, A hexagon in Saturn's northern stratosphere surrounding the emerging summertime polar vortex, *Nature Communications*, 3 September 2018

10   K. Vyas. Why is the hexagon everywhere? All about this seemingly common shape, *Interesting Engineering,* 10 June 2018

11   T. D. Seeley. *Honey Bee Democracy*, Princeton University Press, 2010

12   T. Edwardes. *The Lore of the Honey-bee*, Methuen, 1919

3장 모든 것을 단순화하라: 6으로 생각하기

1   *Digital Information World*, 4 February 2019

2   P. Ball. Why nature prefers boundaries, *Nautilus*, 7 April 2016

4장 명료함: 명료하면 심플해진다

1   S. Godin. You don't need more time, Seth's Blog, 9 February 2011

2   B. Schwartz. *The Paradox of Choice: Why more is less*, Harper Perennial, 2015

3   S. S. Lyengar and M. Lepper. When choice is demotivating: Can one desire too much of a good thing? *Journal of Personality and Social Psychology*, 79 (6), 2000

4   D. Eagleman. *The Brain: The story of you*, Vintage Books (New York), 2017

5   M. Lewis. Obama's Way. *Vanity Fair*, 11 September 2012

6   G. Parker and L. Hughes. European elections: Brexit party storms to victory in UK, *Financial Times*, 27 May 2019

7   *Communications Market Report*, Ofcom, 2018

8   M. Curtin. Are you on your phone too much? The average person spends this many hours on it every day, *Inc*, 30 October 2018

9   G. Mark, D. Judith and U. Klocke. The cost of interrupted work: More speed and stress, Proceedings of the 2008 Conference on Human Factors in

Computing Systems, Florence

10　M. Boland. Allostatic overload: Stress and emotional context Part I, Rebel Performance blog, 21 July 2017

11　B. A. Primack, A. Shensa, J. E. Sidani, E. O. Whaite, L. Y. Liu, D. Rosen, J. B. Colditz, A. Radovic and E. Miller. Social media use and perceived social isolation among young adults in the US, *American Journal of Preventive Medicine*, 53 (1), July 2017

12　Royal Society for Public Health. #StatusOfMind: Social media and young people's mental health and wellbeing, 2017

13　정신건강을 위한 습관의 중요성을 말하는 보고서 중 하나: M. Plata, The power of routines in your mental health, *Psychology Today*, 4 October 2018

14　S. R. Covey. *The Seven Habits of Highly Effective People*, Simon & Schuster, 1989

15　J. Clear. *Atomic Habits: An easy and proven way to build good habits and break bad ones*, Penguin, 2018

16　H. Villarica. The chocolate-and-radish experiment that birthed the modern conception of willpower, *The Atlantic*, 9 April 2012

17　N. Eyal. Have we been thinking about willpower the wrong way for 30 years? *Harvard Business Review*, 23 November 2016

18　R. H. Thaler. *Misbehaving: The making of behavioral economics*, Norton, 2016

19　T. Ferris. *The 4-Hour Body: An uncommon guide to rapid fat-loss, incredible sex and becoming superhuman*, Ebury Publishing, 2011

20　Glassdoor again ranks Kronos an employees' choice best place to work, Kronos Incorporated, 2018

21　J. Maeda. *The Laws of Simplicity*, MIT Press, 2006

22　*Behavioural Insights and Public Policy: Lessons from around the world*, OECD, 2017

23　S. Lakhotia. Gig economy: A boon for women, *Entrepreneur*, 24 May 2019

24　D. Allen. *Getting Things Done: The art of stress-free productivity*, Penguin, 2001

25　Global self storage market size, share, trends, CAGR by technology, key players, regions, cost, revenue and forecast to 2024, Analytical Research Cognizance, 23 July 2019

26 J. Wallman. *Stuffocation: Living more with less: How we've had enough of stuff and why you need experience more than ever*, Crux Publishing, 2015

27 S. Begley. The Science of Making Decisions, *Newsweek*, 27 February 2011

28 S. Bates. A decade of data reveals that heavy multitaskers have reduced memory, Stanford psychologist says, *Stanford News,* 25 October 2018

5장 개성: 내가 누구인지를 분명히 하다

1 How do snowflakes form? Get the science behind snow, National Oceanic and Atmospheric Administration, 2016

2 B. R. Little. Personal projects and free traits: Personality and motivation reconsidered, *Social and Personality Psychology Compass*, 2/3, April 2008

3 B. R. Little. *Me, Myself and Us: The science of personality and the art of well-being*, Public Affairs (New York), 2016

4 J. Hobsbawm. Overcoming digital distraction, *Strategy+Business,* 23 January 2019

5 S. Salim. More than six hours of our day is spent online, *Digital Information World*, 4 February 2019

6 R. Bharadwaj. AI for identity theft protection in banking, *Emerj*, 16 August 2019

7 R. Siciliano. Youth suicide on the rise… Is social media to blame? Safr.me blog, 9 May 2019

8 C. Warzel. Could restorative justice fix the internet? *New York Times*, 20 August 2019

9 OCEAN personality types (the Big Five traits), Vision One, 26 June 2016

10 teamdomenica.com

11 L. Devine. Princess Diana's goddaughter, 24, reveals she spoiled her family after receiving her first ever pay cheque, *The Sun*, 2 September 2019

12 johnscrazysocks.com

13 Moai Capital

14 T. Tharp. *The Creative Habit: Learn it and use it for life,* Simon & Schuster, 2018

15 D. Bledsoe. Screenwriting with impact: 6 tips for vastly improving your scripts, *Freelance Writing* (날짜 없음)

16 P. Belton. My robot makes me feel like I haven't been forgotten, BBC News Business, 31 August 2018

17 W. Smale. How rude service inspired a multi-million euro firm, BBC News Business, 1 July 2019

18 M. J. Poulin and E. A. Holman, Helping hands, healthy body? Oxytocin receptor gene and prosocial behavior interact to buffer the association between stress and physical health, *Hormones and Behavior*, 63 (1), March 2013

6장 리셋: 스위치를 끄고 제로 만들기

1 J. Odell. *How to Do Nothing: Resisting the attention economy*, Melville House Publishing, 2019

2 O. Moshfegh. *My Year of Rest and Relaxation*, Jonathan Cape, 2018

3 J. Hari. *Chasing the Scream: The first and last days of the war on drugs*, Bloomsbury, 2015

4 A. Huffington. *Thrive: The third metric to redefining success and creating a life of well-being, wisdom, and wonder*, Harmony, 2014

5 F. Jabr. Why your brain needs more downtime, *Scientific American*, 15 October 2013

6 A. Pillay. Secret to brain success: Intelligent cognitive rest, Harvard Health Blog, 4 May 2017

7 M. Pollan. *How to Change Your Mind: What the new science of psychedelics teaches us about consciousness, dying, addiction, depression, and transcendence*, Penguin, 2018

8 H. Jury. How travel can benefit our mental health, Psych Central blog, 8 July 2018

9 H. J. Wadey. *The Bee Craftsman: A short guide to the life story and management of the honey-bee*, A. G. Smith, 1945

10 J. Suttie. How nature can make you kinder, happier, and more creative, Greater Good Science Center at UC Berkeley, 2 March 2016

11 S. D'Souza, and D. Renner. *Not Doing: The art of effortless action*, LID Publishing, 2018

12 M. van den Berg, J. Maas, R. Muller, A. Braun, W. Kaandorp, R. van Lien and A. van den Berg. Autonomic nervous system responses to viewing green and built settings: Differentiating between sympathetic and parasympathetic activity, *International Journal of Environmental Research and Public Health*, 12 (12), 2015

13 A. W. Brooks. Emotion and the art of negotiation, *Harvard Business Review*, 93 (12), December 2015

14 S. D. Pressman, K. A. Matthews, S. Cohen, L. M. Martire, M. Scheier, A. Baum and R. Schulz. Association of enjoyable leisure activities with psychological and physical well-being, *Psychosomatic Medicine*, 71 (7), September 2009

15 D. Sgroi. Happiness and productivity: Understanding the happy-productive worker, Social Market Foundation and Foundation for Competitive Advantage in the Global Economy, 2015

16 How's life? 2017: Measuring well-being, OECD, 2017

7장 지식: 정보 비만에서 벗어나라

1 M. Haig @matthaig1. 트위터, 2019.05.27

2 T. Klingberg. *The Overflowing Brain*, Oxford University Press, 2009

3 J. Szalay. Camel spiders: Facts and myths, *Live Science*, 17 December 2014

4 M. Gladwell. *Talking to Strangers: What we should know about the people we don't know*, Allen Lane, 2019

5 J. Bartlett. *The Missing Cryptoqueen*, podcast, 2019

6 R. B. Cialdini. *Influence: The psychology of persuasion*, HarperCollins, 1993

7 P Ashcroft and G Jones. *Alive: Digital humans and their organizations*, Novaro

Publishing, 2018

8   K. Szczepanski. The invention of the saddle stirrup, ThoughtCo, 3 July 2019

9   W. Lipmann. *Liberty and the News*, Harcourt, Brace and Howe, 1920

10   *The New Digital Workplace Divide*, Unisys, 2018

11   D. Rumsfeld. US Department of Defense news briefing, 12 February 2002

12   R. Harris. Death by PowerPoint, Zdnet, 29 April 2010

13   J. F. Messier. What if NASA had not used PowerPoint in 2003? New Sales Presentation blog, 27 April 2019

14   'Jamie'. Death by PowerPoint: the slide that killed seven people, McDreeamie Musings blog, 15 April 2019

15   A. Smith. Interview with Andre Geim, Nobel Foundation, 5 October 2010

16   N. N. Taleb. *Fooled by Randomness: The hidden role of chance in life and in the markets*, Penguin, 2007

17   P. Illanes, S. Lund, M. Mourshed, S. Rutherford and M. Tyreman. Retraining and reskilling workers in the age of automation, McKinsey Global Institute, 2018

18   National Qualities Index, Qdooz, 2019

19   L. S. A. Kwapong, E. Opoku and F. Donyina. The effect of motivation on the performance of teaching staff in Ghanaian polytechnics: The moderating role of education and research experience, *International Journal of Education and Research*, 3 (11), November 2015

20   R. J. Yun, J. H. Krystal and D. H. Mathalon. Working memory overload: Fronto-limbic interactions and effects on subsequent working memory function, *Brain Imaging Behaviour*, 4 (1), March 2010

8장 네트워크: 작은 조직이 더 강력하다

1   K. Nanjiani. Commencement Address at Grinnell College, Iowa, 22 May 2017

2   M. D. Lieberman. *Social: Why our brains are wired to connect*, Oxford University

Press, 2013

3   S. Kemp. Digital 2019: Global internet use accelerates, We Are Social blog, 30 January 2019

4   P. Wohlleben. *The Hidden Life of Trees: What they feel, how they communicate*, William Collins, 2015

5   J. Hobsbawm. *Fully Connected: Social health in an age of overload*, Bloomsbury Business, 2018

6   R. I. M. Dunbar. Do online social media cut through the constraints that limit the size of offline social networks? Royal Society Open Science, 1 January 2016

7   E. Cirino. What are the benefits of hugging? *Healthline*, 10 April 2018

8   T. Hanson. *Buzz: The nature and neccesity of bees*, Icon, 2018

9   S. Kesebir. The superorganism account of human sociality: How and when human groups are like beehives, *Personality and Social Psychology Review*, 16 (3), 2011

10 A. L. Barabasi and E. Bonabeau. Scale-free networks, *Scientific American*, May 2003

11 M. R. Roghanizad and V. K. Bohns. Ask in person: You're less persuasive than you think over email, *Journal of Experimental Social Psychology*, 69, March 2016

12 F. Laloux. *Reinventing Organizations: A guide to creating organizations inspired by the next stage of human consciousness*, Nelson Parker (Brussels)

13 T. Standage. *Writing on the Wall: Social media – the first 2,000 years*, Bloomsbury, 2014

14 marnitastable.org

9장 시간: 시간의 통제권을 가져라

1   S. Kemp. Digital in 2018: World's internet users pass the 4 billion mark, We Are Social blog, 30 January 2018

2 Internet Stats & Facts for 2019, Hosting Facts blog, 17 December 2018

3 Y. N. Harari. *21 Lessons for the 21st Century*, Jonathan Cape, 2018

4 B. Nelson. The world's 10 oldest living trees, Mother Nature Network, 27 October 2016

5 S. Godin. Lesson's for telling time, Seth's Blog, 26 February 2019. I recommend reading anything and everything by Seth Godin.

6 E. J. Langer and J. Rodine. The effects of choice and enhanced personal responsibility for the aged: A field experiment in an institutional setting. *Journal of Personality and Social Psychology*, 34 (2), August 1976

7 B. Chapman. What happened when Sweden tried six-hour working days, *The Independent*, 10 February 2107

8 S. Boseley. Too much overtime is bad for your health, says study, *The Guardian*, 11 May 2010

9 *The Future of Jobs: Employment, skills and workforce strategy for the Fourth Industrial Revolution* World Economic Forum, 2016

10 E. Pofeldt. Are we ready for a workforce that is 50% freelance? *Forbes*, 17 October 2017

11 R. Jay. 5 etiquette rules for working across time zones, Remote.co, 5 March 2018

12 C. Newport. *Deep Work: Rules for focused success in a distracted world*, Piatkus, 2016

13 F. Laloux. *Reinventing Organizations: A guide to creating organizations inspired by the next stage of human consciousness*, Nelson Parker (Brussels), 2014

14 B. Daisley (2019) *The Joy of Work: 30 ways to fix your work culture and fall in love with your job again*, Random House, 2019

15 S-J Blakemore. *Inventing Ourselves: The secret life of the teenage brain*, Black Swan, 2019

16 C. Rovelli. Time travel is just what we do every day, *The Guardian*, 31 March 2019 2019.03.31

17 J. Wajcman *Pressed for Time: The acceleration of life in digital capitalism*, University of Chicago Press, 2015

18 S. Burkhart, J. O'Donnell Maroney. *Being Present: A practical guide for transforming the employee experience of your frontline workforce*, The Workforce Institute at Kronos, 2019

10장 여섯 명의 심플리스트

1 F. Osier. The Key to a better vaccine. TED talk, April 2018

2 N. Pullman. A simple life, Wicked Leeks blog, 22 August 2019

3 A. Huffington. *The Sleep Revolution: Transforming your life, one night at a time*, Penguin Random House, 2016

4 ourbrainbank.org

5 J. Henley. #stayontheground: Swedes turn to trains amid climate 'flight shame', *The Guardian*, 4 June 2019

11장 복잡한 세상에서의 역할

1 J. Françon. *The Mind of the Bees*, Methuen, 1947

2 L. Margonelli. *Underbug: An obsessive tale of termites and technology*, Scientific American/Farrar Straus & Giroux, 2018

12장 평생 붙들고 갈 도구

1 F. Macdonald. Scientists have made a diamond that's harder than diamond, Science Alert, 13 December 2016

2 S. Salim. More than six hours of our day is spent online, *Digital Information World*, 4 February 2019

참고 문헌

A Ain. *Work Inspired: How to build an organization where everybody loves to work*, McGraw-Hill, 2019

D Allen. *Getting Things Done: The art of stress-free productivity*, Penguin, 2001

P Ashcroft and G Jones. *Alive: Digital humans and their organizations*, Novaro Publishing, 2018

S-J Blakemore. *Inventing Ourselves: The secret life of the teenage brain*, Black Swan, 2019

S Burkhart in: J O'Donnell Maroney. *Being Present: A practical guide for transforming the employee experience of your frontline workforce*, The Workforce Institute at Kronos, 2019

R B Cialdini. *Influence: The psychology of persuasion*, HarperCollins, 1993

J Clear. *Atomic Habits: An easy and proven way to build good habits and break bad ones*, Penguin, 2018

S R Covey. *The Seven Habits of Highly Effective People*, Simon & Schuster, 1989

B Daisley (2019) *The Joy of Work: 30 ways to fix your work culture and fall in love with your job again*, Random House, 2019

S D'Souza, and D Renner. *Not Doing: The art of effortless action*, LID Publishing, 2018

인생에서 중요한 6가지만 기억하라

D Eagleman. *The Brain: The story of you, Vintage Books* (New York), 2017

T Edwardes. *The Lore of the Honeybee*, Methuen, 1937

Euclid's *Elements of Geometry* in a parallel translation by Richard Fitzpatrick is
available to download free from the University of Texas at Austin

T Ferris. *The 4-Hour Body: An uncommon guide to rapid fat-loss, incredible sex and becoming
superhuman*, Ebury Publishing, 2011

J Françon. *The Mind of the Bees*, Methuen, 1947

M Gladwell. *Talking to Strangers: What we should know about the people we don't know*, Allen
Lane, 2019

T Grandin and R Panek. *The Autistic Brain: Thinking across the spectrum*, Houghton
Mifflin Harcourt, 2013

T Hanson. *Buzz: The nature and neccesity of bees*, Icon, 2018

Y N Harari. *21 Lessons for the 21st Century*, Jonathan Cape, 2018

T Harford. *Messy: How to be creative and resilient in a tidy-minded world, Little,* Brown, 2018

J Hari. *Chasing the Scream: The first and last days of the war on drugs,* Bloomsbury, 2015

J Hobsbawm. *Fully Connected: Social health in an age of overload,* Bloomsbury Business,
2018

A Huffington. *The Sleep Revolution: Transforming your life, one night at a time*, Penguin
Random House, 2016

A Huffington. *Thrive: The third metric to redefining success and creating a life of well-being,*
wisdom, and wonder, Harmony, 2014

M Kaku. *The Future of the Mind: The scientific quest to understand, enhance, and empower the
mind*, Doubleday, 2014

T Klingberg. *The Overflowing Brain*, Oxford University Press, 2009

M D Lieberman. *Social: Why our brains are wired to connect*, Oxford University Press,
2013

W Lipmann. *Liberty and the News,* Harcourt, Brace and Howe, 1920

B R Little. *Me, Myself and Us: The science of personality and the art of well-being*, Public
Affairs (New York), 2016

J Maeda. *The Laws of Simplicity*, MIT Press, 2006

M Maeterlinck. *The Life of the Bee*, Blue Ribbon Books (New York)

L Margonelli. *Underbug: An obsessive tale of termites and technology*, Scientific American/
Farrar Straus & Giroux, 2018

A A Milne. *Now We Are Six*, Methuen, 1927

O Moshfegh. *My Year of Rest and Relaxation*, Jonathan Cape, 2018

The New Digital Workplace Divide, Unisys, 2018

C Newport. *Deep Work: Rules for focused success in a distracted world*, Piatkus, 2016

D A Norman. *Living with Complexity*, MIT Press, 2016

J Odell. *How to Do Nothing: Resisting the attention economy*, Melville House Publishing,
2019

L Paull. *The Bees*, Fourth Estate, 2015

M Pollan. *How to Change Your Mind: What the new science of psychedelics teaches us about
consciousness, dying, addiction, depression, and transcendence*, Penguin, 2018

M Rees. *Just Six Numbers: The deep forces that shape the universe*, Orion Books, 2004

B Schwartz. *The Paradox of Choice: Why more is less*, Harper Perennial, 2015

T D Seeley. *Honey Bee Democracy*, Princeton University Press, 2010

T Standage. *Writing on the Wall: Social media – the first 2,000 years*, Bloomsbury, 2014

N N Taleb. *The Black Swan: The impact of the highly improbable*, Penguin, 2010

N N Taleb. *Fooled by Randomness: The hidden role of chance in life and in the markets*,
Penguin, 2007

R H Thaler. *Misbehaving: The making of behavioral economics*, Norton, 2016

T Tharp. *The Creative Habit: Learn it and use it for life*, Simon & Schuster, 2006

G Thunberg. *No One is Too Small to Make a Difference*, Penguin, 2019

H J Wadey. *The Bee Craftsman: A short guide to the life story and management of the honey-bee*, A
G Smith, 1945

J Wajcman. *Pressed for Time: The acceleration of life in digital capitalism*, University of
Chicago Press, 2015

J Wallman. *Stuffocation: Living more with less: How we've had enough of stuff and why you need experience more than ever*, Crux Publishing, 2015

P Wohlleben, *The Hidden Life of Trees: What they feel, how they communicate*, William
Collins, 2015

옮긴이 최지수

한국외국어대학교 사범대를 졸업하고 한국외국어대학교 통번역대학원에서 석사학위를 받았다. 대기업과 공공기관에서 통역사로 일했으며, 경제, 법, 제약, 과학 등 다양한 분야의 문서를 번역했다. 현재 출판번역 에이전시 유엔제이에서 영어 및 독일어 번역가로 활동하고 있다. 옮긴 책으로는 『프렌드북 유출사건』, 『버블: 부의 대전환』, 『나를 살리는 철학』, 정부간행물 『동방으로부터의 빛, 직지』 등이 있다.

인생에서 중요한 6가지만 기억하라

1판 1쇄 발행 2021년 10월 25일

지은이 줄리아 홉스봄
옮긴이 최지수
발행인 오영진 김진갑
발행처 토네이도미디어그룹(주)

책임편집 박민희
기획편집 박수진 진송이 박은화
디자인팀 안윤민 김현주
마케팅팀 박시현 박준서 김예은
경영지원 이혜선 임지우

출판등록 2006년 1월 11일 제313-2006-15호
주소 서울시 마포구 월드컵북로5가길 12 서교빌딩 2층
독자 문의 midnightbookstore@naver.com
전화 02-332-3310 팩스 02-332-7741
블로그 blog.naver.com/midnightbookstore
페이스북 www.facebook.com/tornadobook

ISBN 979-11-5851-229-3 03190